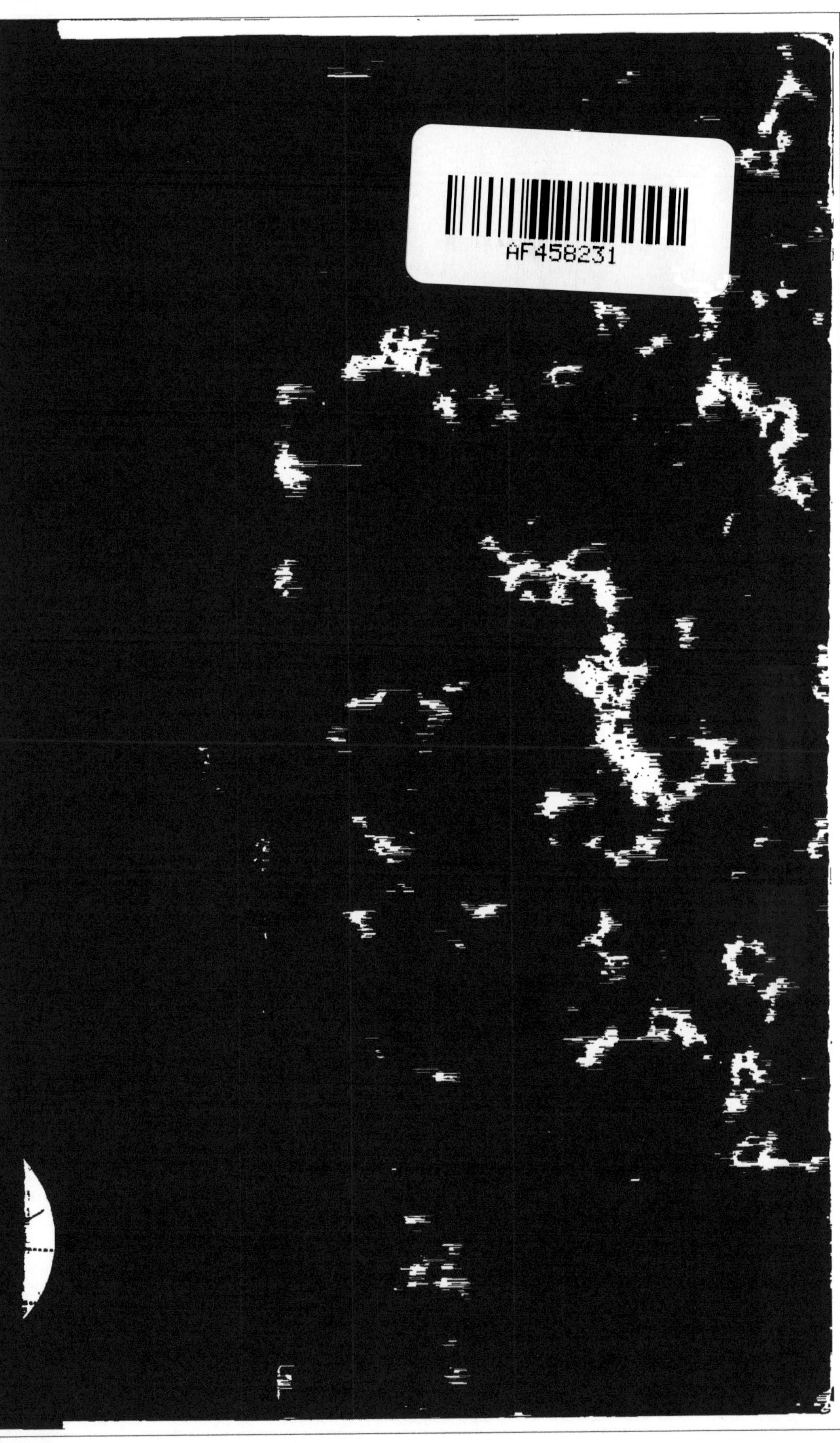
AF458231

CAMPAGNE

DE

DIX-HUIT CENT QUINZE.

CAMPAGNE

DE

DIX-HUIT CENT QUINZE,

OU

RELATION DES OPÉRATIONS MILITAIRES

QUI ONT EU LIEU

EN FRANCE ET EN BELGIQUE,

PENDANT LES CENT JOURS;

ÉCRITE A SAINTE HÉLÈNE.

SUIVIE D'UNE LETTRE ADRESSÉE A S. A. I. L'ARCHIDUCHESSE MARIE-LOUISE;

PAR LE GÉNÉRAL GOURGAUD.

« Tout ce que peut faire un grand homme d'état et un grand capitaine, Annibal le fit pour sauver sa patrie. N'ayant pu porter Scipion à la paix, il donna une bataille, où la fortune sembla prendre plaisir à confondre son habileté, son experience et son bon sens. Carthage reçut la paix, non d'un ennemi, mais d'un maître. » MONTESQUIEU.

PARIS,

PLANCHER, LIBRAIRE, RUE POUPÉE, N°. 7.

1818.

L'EMPEREUR Napoléon ayant daigné me faire connaître son opinion sur les principales opérations de la campagne de 1815, je profitai de cette circonstance favorable, et des souvenirs de la grande catastrophe dont j'avais été témoin, pour écrire cette relation

Depuis mon retour en Europe, j'ai lu beaucoup d'écrits sur le même sujet. La plupart des auteurs m'ont paru n'avoir été guidés que par la passion ou la haine ; d'autres ont été aveuglés par un excessif amour-propre national : bien peu ont cherché à donner une idée juste des événemens.

L'erreur, à force d'être répétée, finit souvent par être prise pour la réalité : j'ai pensé que, pouvant la détruire, un silence plus prolongé de ma part serait blâmable. Cette raison seule a pu vaincre ma répugnance à m'exposer à la critique littéraire.

Militaire, je ne parle des événemens politiques que pour expliquer comment une seule bataille a suffi pour soumettre la nation française, gouvernée par le premier capitaine des temps modernes. Ce n'est pas à moi d'essayer de traiter cette grande question : la bataille de Waterloo a-t-elle affermi ou ébranlé tous les trônes ; a-t-elle assuré la tranquillité de l'Europe, ou en a-t-elle sapé toutes les bases ? L'avenir y répondra.

Le public trouvera dans cet ouvrage un récit simple, mais fidèle ; les militaires, les renseignemens indispensables pour apprécier les fautes qui ont été commises et les talens qui ont été déployés ; les Français, une nouvelle preuve que, malgré leurs malheurs, leur réputation guerrière n'a pas été ternie dans les champs de Waterloo.

Peut-être les ministres des puissances ennemies de la France frémiront-ils en voyant le danger qu'ils ont couru ; en combien leurs plans, leurs projets ont été près d'échouer. Tout a dépendu du sort d'une bataille; et quel général peut être sûr du succès? César, après vingt années de victoires, est, à Munda comme à son premier combat, forcé de courir toutes les chances de la fortune.

Le hasard exerce bien moins d'influence sur les opérations qui précèdent et conduisent à une bataille; c'est par elles qu'un général établit toute sa supériorité. Aussi, dans cette funeste campagne, voit-on Napoléon, quoique avec une armée d'une infériorité effrayante, rencontrer ses ennenis presque à forces égales sur tous les champs de bataille. Son habileté seule rétablit partout l'équilibre : l'ennemi surpris dans ses cantonnemens avec ses troupes disséminées à vingt lieues à la ronde, est forcé de se battre isolément, et réduit enfin à recevoir le dernier combat dans une position telle, que s'il est battu il est perdu sans ressources. La grande lutte n'est plus qu'une bataille ordinaire ; c'est là que la question doit se décider.

Toutes les probabilités de la victoire sont pour les Français. Tout est bien combiné, tout paraît prévu ; mais que peut le plus grand génie contre le destin ? Napoléon est vaincu !....

Triste exemple des vicissitudes humaines ! Autant, dans d'autres temps, la fortune s'était plu à le favoriser, autant à présent elle semble prendre plaisir à l'accabler. Trahi par les hommes sur lesquels il était le plus en droit de compter, abandonné par ceux qu'il a comblés de bienfaits, il quitte la France. Il croit que son ennemi le plus grand doit être le plus généreux. . .

. . . .

, ... , ...

. . . .

Ah ! Napoléon, que n'as-tu trouvé la mort à Waterloo !

CAMPAGNE

DE

DIX-HUIT CENT QUINZE.

CHAPITRE PREMIER.

Situation des armées des puissances liguées contre la France.

DANS le mois d'avril 1815, les armées russes étaient au-delà du Niémen : celles de la Prusse et de l'Autriche étaient en partie sur le pied de paix ; la plupart des corps prussiens avaient passé l'Elbe ; une partie de l'armée autrichienne était dans le royaume de Naples ; les Anglais avaient la moitié de leurs forces en Amérique. Ainsi l'on calculait que les armées de la Russie, de l'Autriche, de la Prusse, de l'Angleterre, ne pouvaient être complétées chacune à cent cinquante mille hommes (force que ces puissances s'étaient engagées à fournir par le traité d'avril), et rendues sur les frontières de la France qu'à la fin du mois de juillet. L'armée anglaise, y compris celle hanovrienne, ne pouvait former que quatre-vingt mille hommes. Le gouvernement anglais donnait des subsides pour soixante-dix mille autres. Les troupes de Hollande, de Nassau, de Danemarck, le contingent des maisons de Saxe, de Hesse, de Bavière, de Bade, de Wittemberg, servaient à compléter, les unes le contingent des Anglais, les autres les armées de la Russie, de la Prusse et de l'Autriche. L'Espagne ne faisait point partie de la ligue; elle agissait séparément: elle avait déclaré la guerre à la France, mais sa situation intérieure était telle qu'on avait peu à craindre des mauvaises dispositions de sa cour. Le Portugal, quoiqu'en guerre avec la France, ne voulut fournir aucun contingent à la coalition; et la Suède, ayant obtenu ce qu'elle désirait, la Norwège, ne fournit aucune troupe.

Dès le mois de mai, les forces alliées se mirent en marche pour se rapprocher des frontières françaises; pendant ce temps les armées anglaise et prussienne qui étaient restées dans la Belgique furent dans de perpétuelles alarmes. Elles craignaient à chaque instant d'être attaquées, et elles n'étaient pas en mesure de se maintenir dans ce pays. Wellington, de Vienne, et Blucher, de Berlin, accoururent en toute hâte à Bruxelles. Anvers et Ostende furent, pendant tout le mois de mai, encombrées de troupes venant d'Angleterre; et, au commencement de juin, le duc de Wellington avait sous ses ordres plus de cent mille hommes, en comptant les troupes de Belgique, de Hollande, de Nassau et de Brunswick. Blucher, à la même époque, en avait cent vingt mille, y compris les troupes des maisons de Saxe. Les quatre-vingt mille hommes qui manquaient pour compléter les deux contingens étaient attendus pour le mois de juillet. L'armée autrichienne avait une quarantaine de mille hommes le long du Rhin, et en avant des lignes de la Keich : c'étaient pour la plupart des troupes de la confédération. Les troupes autrichiennes étaient en marche pour arriver sur le Rhin, et pour pénétrer en France par le mont Cénis et le Simplon; celles de Russie étaient encore loin des frontières françaises. Ainsi, dans le courant de juillet, la

France devait être attaquée par six cent mille ennemis; mais, au commencement de juin, il n'y avait que les armées des généraux Blucher et Wellington qui fussent en mesure de se battre. Après en avoir ôté ce qu'elles étaient obligées de laisser dans les places fortes, elles présentaient une force disponible de deux cent mille hommes réunis sur les frontières.

CHAPITRE II.

Situation des armées françaises en avril, mai et juin. — Préparatifs de défense.

L'EMPEREUR Napoléon était arrivé à Paris le 20 mars. La ville de Marseille n'arbora le drapeau tricolore que le 12 avril, et le duc d'Angoulême ne s'embarqua que le 16 du même mois : ce ne fut donc réellement que vers les premiers jours de mai que la France fut pacifiée et tout-à-fait soumise au gouvernement impérial. La France comptait cent cinq régimens d'infanterie, dont trois étaient aux colonies : quelques-uns avaient trois bataillons organisés, mais, en général, ils n'en avaient que deux. L'un portant l'autre, l'effectif de chaque régiment montait à neuf cents hommes ; sur ce nombre, environ six cents étaient présens sous les armes et pouvaient entrer en campagne. Toute l'infanterie présentait donc quatre-vingt mille hommes disponibles. Les troupes du génie, formées en trois beaux régimens, étaient de cinq à six mille hommes. L'artillerie avait huit régimens à pied et quatre à cheval : les premiers étaient d'environ quinze cents hommes ; les derniers avaient au plus cent canonniers montés. Les bataillons du train avaient été amalgamés ; ils ne comptaient presque que des cadres, et n'avaient qu'un très-petit nombre de chevaux de trait. Le personnel de l'artillerie et du génie était cependant encore suffisant pour les plus grandes armées ; et, quant au matériel, quelques grandes qu'aient été les pertes que l'on avait éprouvées par la cession des équipages d'artillerie renfermés dans les places d'Anvers, Wésel, Mayence et Alexandrie, il était encore en suffisance, et pouvait fournir à toutes les pertes que l'on pourrait essuyer pendant plusieurs campagnes. Il se trouvait environ cent cinquante mille fusils neufs dans les magasins, indépendamment de ceux entre les mains des soldats et de ceux fournis à la garde nationale ; et il existait trois cent mille armes, tant en pièces de rechange qu'en fusils à réparer.

La cavalerie était dans le plus mauvais état ; réduite à cinquante-sept régimens (deux de carabiniers, douze de cuirassiers, trente de dragons et chasseurs, six de lanciers et sept d'hussards), elle ne pouvait pas mettre quatorze mille hommes à cheval. Le nombre des cavaliers était beaucoup plus considérable, mais on manquait de selles, d'équipemens et de chevaux pour les monter. Les deux régimens de carabiniers n'avaient chacun que quatre-vingts chevaux prêts à entrer en campagne. Tous les régimens et leurs dépôts formaient au plus un total de seize à dix-sept mille chevaux.

Dans tout 1814, on n'avait rien donné aux corps pour l'habillement, si ce n'est à quelques régimens privilégiés. L'armée était entièrement nue. Les manufactures de draps pour la troupe étaient même désorganisées. Il n'y avait pas une aune de drap en magasin.

Ainsi, l'état militaire de la France avait été tellement réduit, que cette puissance pouvait à peine, dans le courant d'avril, assembler une armée de cent mille hommes, force à peu près suffisante pour pouvoir fournir des garnisons à nos places fortes. Il ne restait rien de disponible pour en former une armée mobile.

L'empereur rendit à tous les régimens les anciens numéros qu'ils avaient illustrés dans tant de batailles. Dans chaque régiment, les troisième, quatrième et cinquième bataillons furent recréés; ce qui donna de l'emploi à tous les officiers à demi-solde. On appela sous les drapeaux tous les hommes en congé, tous les anciens militaires et la conscription de 1815. On leva deux cents bataillons de chasseurs et de grenadiers de garde nationale; ce qui présenta une force de cent vingt mille hommes. Tous ces bataillons, dès le lendemain de leur formation, sans être ni habillés ni armés, partaient pour les diverses places où ils devaient être en garnison; et là ils recevaient des armes, et l'on y terminait leur organisation. Des mesures étaient prises pour leur habillement; mais cette opération ne pouvait être entièrement achevée que dans le courant de juillet et d'août. Toutes les places fortes et les côtes furent réarmées avec la plus grande promptitude. Six milles canonniers gardes-côtes furent organisés. La création de vingt régimens d'infanterie de marine, chacun de deux bataillons, et composés de tous les matelots qui avaient servi sur les escadres, fut ordonnée. Ils furent formés par le département de la marine; leurs officiers étaient des enseignes, des lieutenans et des capitaines de vaisseau. Ces régimens se réunissaient à Cherbourg, Brest, Rochefort et Toulon : ils étaient destinés à garder nos côtes, nos ports, nos établissemens; et l'on comptait sur la moitié ou les deux tiers de ces régimens pour en renforcer l'armée active dans le courant d'août. On forma une vingtaine de bataillons d'officiers et de soldats en retraite, qu'on réunit dans les places fortes pour diriger les gardes nationales, surveiller le service et encourager les habitans. On en plaça à Marseille, à Bordeaux, et dans plusieurs autres grandes villes où on les jugeait utiles pour électriser l'esprit public. Tous les dépôts des régimens furent dirigés vers l'intérieur, sur Paris et Lyon.

La réorganisation de la cavalerie présentait beaucoup d'obstacles. On contracta des marchés de chevaux; on en leva par département, et l'on adopta l'excellente mesure de prendre douze mille chevaux de gendarmerie, en en payant le prix comptant aux gendarmes, qui, en quinze jours, se remontèrent eux-mêmes. Par-là, l'armée se trouva recevoir un grand nombre de chevaux tout dressés.

L'infanterie de la garde impériale fut doublée et sa cavalerie triplée. Son artillerie, qui avait été licenciée, fut réorganisée et composée de cent vingt bouches à feu attelées. Les équipages de pont, ceux du génie et ceux de l'administration furent formés. On ne peut reprocher ni à l'empereur, ni au ministère, ni à la nation aucun retard, tout se fit comme par enchantement; et, au commencement de juin, toute l'armée de ligne était rendue disponible pour l'offensive; tous nos grands établissemens, toutes nos places fortes se trouvant gardés par de nombreux bataillons de garde nationale d'élite soldés. A cette époque, on avait près de deux cent cinquante mille hommes d'infanterie, mais dont cent vingt mille seulement étaient habillés, équipés et disponibles; les autres ne pouvaient l'être que dans le courant de juin, juillet et août; cinquante mille cavaliers montés, dont trente mille prêts à entrer en campagne; les autres le deviendraient successivement dans le courant des mêmes mois; l'artillerie avait déjà six à sept cents bouches à feu attelées, ainsi que leur double approvisionnement : elles étaient servies par de bons canonniers, indépendamment des compagnies d'artillerie de ligne réparties dans toutes nos places pour leur défense. Tout cet ensemble formait une armé de plus de trois cent cinquante mille hommes effectifs, dont cent quatre-vingt mille prêts à faire la guerre, et de cent cinquante mille dans les places. Enfin, toutes les mesures étaient prises pour une nouvelle levée et l'armement de trois cent mille hommes. La proposition devait en être faite aux chambres à la fin de juin. Ils deviendraient disponibles successivement en août et septembre (1).

Un grand nombre d'ateliers d'armes éta-

---

(1) *Force en juin.*

Infanterie. . .	250,000 dont 120,000 en état d'agir.	
Cavalerie. . .	50,000 *idem* 30,000 *idem.*	
Artillerie. . .	6 à 700 bouches à feu.	

blis dans Paris , fabriquaient quinze cents fulsis par jour; et, avant le 1er. juillet, ils en devaient fournir de trois à quatre mille. Il avait fallu quelque temps pour dresser les ébénistes du faubourg Saint-Antoine au montage des fusils, et les rendre propres à ce nouveau travail. Le nombre d'armes fournies par ces ateliers se composait de fusils entièrement neufs, de vieux fusils réparés, et de fusils frabriqués avec des pièces de rechange. Toutes les manufactures d'armes de l'empire avaient doublé leurs produits. On avait autorisé la réception des fusils modèle mixte. Des platines beaucoup plus simples que celles ordinaires avaient été inventées; tous les ouvriers en cuivre, tels que les garçons horlogers, ciseleurs, etc., les faisaient aussi bien que les meilleurs platineurs. En outre de ce genre de fabrication, les ateliers de platines à l'étampe avaient été rétablis. Tous ces moyens réunis ne laissaient aucune inquiétude sur cet objet important.

La défense de toutes les places une fois assurée, Paris et Lyon furent choisis comme grands centres de résistance. On réunit à

Paris quatre cents pièces de canon de campagne, et trois cents de gros calibre; et à Lyon, un équipage de cent bouches à feu de gros calibre, et de cent d'artillerie de campagne. Deux immenses dépôts de munitions de toute espèce furent formés dans ces deux villes. Un grand nombre d'officiers d'artillerie de terre et de mer, plusieurs bataillons de ces deux armes, y furent exclusivement attachés. On y créa en outre plusieurs compagnies de canonniers volontaires.

Paris avait pour sa défense douze légions de garde nationale, formant trente mille hommes sous les armes, parfaitement armés; et quinze mille fédérés, qui portaient la dénomination de tirailleurs de la garde nationale. Ces derniers étaient des ouvriers qui, pour la plupart, avaient servi dans les armées. Leurs cadres étaient composés d'officiers et de sous-officiers de la ligne; et pour la défense de la ville, ces tirailleurs valaient autant que des troupes de ligne.

La défense de Lyon, quant au personnel, reposait sur sa garde nationale, qui avait été complétée à dix mille hommes; et l'on avait ordonné la formation de plusieurs bataillons de tirailleurs à l'instar de ceux de Paris.

Un système de fortification fut arrêté pour l'une et l'autre de ces grandes cités. On y travailla avec la plus grande activité. A Paris, on commença par fortifier les hauteurs de Montmartre, et tout le terrain depuis la butte Chaumont, le cimetière du père Lachaise, jusqu'auprès de la barrière du Trône. Toutes ces hauteurs furent occupées par un système continu d'ouvrages, tracé par le général du génie Haxo. Le village de Saint-Denis fut lui-même fortifié et environné d'inondations. On termina le canal, déjà aux deux tiers achevé, qui fait communiquer les eaux de celui de l'Ourcq avec celles de la Seine à Saint-Denis. Des demi-lunes furent établies sur les chaussées pour couvrir les ponts du canal qu'elles traversent. Les terres du délai du canal de Saint-Denis étaient jetées sur ses deux rives, de manière à former sur la rive gauche un rempart, er sur la rive droite une espèce de chemin couvert. Sur la chaussée qui de la barrière du Trône va à Vincennes, on pratiqua une sorte de double caponnière jusqu'à mi-portée de canon du château ; ce qui flanquait parfaitement à gauche les ouvrages du cimitière Lachaise, et à droite ceux que l'on avait élevés dans le parc de Bercy. Ce travail fut très-facile, car cette chaussée est très-élevée, domine bien les environs, et est soutenue par deux bons murs en maçonnerie. A l'extrémité de cette double caponnière, une forte redoute fut élevée ; elle croisait son feu avec celui de Vincennes, et même était flanquée par ce dernier. Tous ces ouvrages étaient terminés, palissadés et armés dans les premiers jours de juin.

Sur la rive gauche de la Seine, les ouvrages étaient tracés ; et, à cette époque, des ateliers assez nombreux d'ouvriers travaillaient à les élever. La partie de l'enceinte, sur cette rive, n'est que le tiers de celle sur la rive droite, et avant le 15 juillet les ouvrages de la rive gauche devaient être terminés. Cela aurait formé l'enceinte de Paris. Elle appuyait, sur la rive droite, sa droite et sa gauche à la Seine, à Saint-Denis, et en arrière de Vincennes ; sur la rive gauche, elle appuyait également sa droite et sa gauche au fleuve, l'une près de Bicêtre, l'autre en avant de la barrière de Grenelle. La ligne de défense suivait ensuite la rive droite de la Seine, vis-à-vis Sèvres, Saint-Cloud, Neuilly, et rejoignait Saint-Denis. Des instructions avaient été données pour l'établissement d'une seconde ligne, qui s'appuierait sur la rive droite, à la Seine, à la hauteur de la barrière de Grenelle, comprendrait les hauteurs de l'Étoile, et viendrait appuyer sa droite à Montmartre, qui déjà se trouvait en seconde ligne. Des ouvrages fermés à la gorge devaient être élevés en arrière de ceux de la butte Chaumont, et de ceux du cimetière Lachaise, pour servir de réduits aux troupes lorsqu'elles auraient été forcées dans les premiers retranchemens : ils assureraient en outre, aux assiégés, la possession des dernières sommités de ces hauteurs. On calculait que ces derniers travaux seraient terminés avant le 1er. août.

Le parc d'artillerie destiné au service de la rive droite avait été réuni à Vincennes; et celui pour la rive gauche était aux Invalides. Les calibres des bouches à feu furent divisés de manière que la rive droite eût ceux de 6, 12 et 24 ; et la rive gauche ceux de 4, 8, 16 et 24. Les ouvrages avaient été disposés de façon que partout l'artillerie de campagne pût s'y mettre en batterie. Cent cinquante bouches à feu attelées étaient organisées et destinées à se porter sur le point qui serait menacé. Les fortifications de Soissons, Laon et Château-Thierry, avaient été rétablies, comme faisant partie du grand système de défense de la capitale.

A Lyon, on avait établi une tête de pont aux Broteaux, un pont-levis au pont de la Guillotière, et rétabli l'enceinte entre le Rhône et la Saône, ainsi que celle sur la rive droite de la Saône, par les hauteurs de Pierre-en-Cise. La partie comprise entre la Saône et le Rhône, qui est considérée comme le vrai point d'attaque, avait été rendue plus forte, en occupant les hauteurs par plusieurs bons ouvrages de campagne. Ces ouvrages terminés, on avait résolu d'occuper, aussi long-temps que possible, le faubourg de la Guillotière, en le couvrant par un système de redoutes, auquel se prêtait favorablement le terrain. Vers le 15 juillet, tous ces travaux devaient être entièrement achevés et armés.

Dans les premiers jours de juin, toutes les troupes de l'empire furent formées en sept corps d'armée, quatre corps d'observation, et une armée dite de la Vendée.

Le premier corps d'armée était à Lille, composé de seize régimens d'infanterie et des trois de cavalerie ; ce qui faisait quatre divisions d'infanterie et une de cavalerie ; en tout, dix-huit mille fantassins et quinze cents cavaliers. Le général d'Erlon le commandait. Le deuxième corps, composé d'une manière semblable, et d'une force à peu près égale au premier, occupait Valenciennes, sous les ordres du général Reille. Le troisième, commandé par le général Vadamme, était à Mézières ; il n'avait que trois divisions d'infanterie et une de cavalerie. Le quatrième corps, sous les ordres du général Gérard, était à Metz, et garnissait la Moselle : il avait la même composition que le troisième, mais un régiment de moins ; et ceux qui le composaient étaient faibles. Le cinquième corps, qui avait le général

Rapp pour chef, était en Alsace : il avait trois divisions d'infanterie et une de cavalerie. Le sixième corps commandé par le général de Lobau, était composé de neuf régimens d'infanterie et de trois régimens de cavalerie : il occupait Laon. Les quatrièmes régimens de chaque division avaient été retenus dans la Vendée. Le septième corps, à Chambéri, sous le commandement du maréchal Suchet, était formé de deux divisions d'infanterie et une de cavalerie, et de deux divisions de garde nationale du Dauphiné et du Lyonnais. Le corps d'observation du Var, commandé par le maréchal Brune, avait trois régimens d'infanterie et un de cavalerie. Le général Lecourbe commandait à Béfort un corps d'observation de trois régimens d'infanterie et trois de cavalerie ; il était soutenu par un grand nombre de bataillons de garde nationale soldée de la Franche-Comté : il devait surveiller Bâle, Huningue, et défendre le Jura. Deux corps d'observation, l'un à Bordeaux, sous le général Clausel, l'autre à Toulouse, sous le général Decaen, avaient trois régimens d'infanterie et un de cavalerie dans chacune de ces villes ; ils étaient renforcés par toutes les levées de garde nationale soldée du Languedoc ; mais on fut obligé de détacher de chacun d'eux un régiment. Ces deux régimens furent envoyés dans la Vendée. L'armée de la Vendée, commandée par le général Lamarque, comptait huit régimens d'infanterie de ligne, deux de jeune garde, deux de cavalerie, et dix escadrons de gendarmerie, partie à pied, partie à cheval, formant plus de trois mille gendarmes.

Dans tous les différens corps d'armée, la force moyenne de chaque régiment d'infanterie était de onze à douze cents hommes présens sous les armes ; et la force de ceux de cavalerie de quatre à cinq cents.

Sur les deux cents bataillons de garde nationale, organisée et soldée, trente étaient destinés à former une réserve d'infanterie sur la Loire. La réserve de cavalerie était composée de quatre corps, chacun de deux divisions, chaque division ayant trois régimens, ce qui faisait par corps environ trois mille chevaux. Ils étaient cantonnés entre l'Aisne, la Meuse et la Sambre, Le premier, commandé par le général Pajol, était formé de cavalerie légère. Le second, sous les ordres du général Excelmans, était composé de dragons. Les troisième et quatrième corps, commandés par les généraux Milhaut et Kellerman, étaient en entier de cuirassiers.

L'artillerie de chaque corps se composait d'une batterie de huit bouches à feu par division d'infanterie, d'une batterie à cheval de six bouches à feu par division de cavalerie, et d'une batterie de réserve de huit pièces de 12 par corps d'armée.

Telle était en juin la situation militaire de la France.

CHAPITRE III.

L'Empereur se décide à prendre l'offensive et à entrer en Belgique. — Ses raisons.

Les militaires manifestaient diverses opinions au sujet du plan d'opérations à suivre. Les uns auraient voulu que, dès la fin du mois d'avril, l'empereur fût entré en Belgique, eût attaqué, battu et dispersé l'armée anglaise, et eût armé la population de ce pays, sur les dispositions duquel on ne pouvait avoir de doutes. Il est de fait qu'en avril et dans le commencement de mai, au lieu de deux cent vingt mille ennemis qui y étaient en juin, la France n'en aurait eu à combattre que cent vingt mille; et cela pendant que l'attaque imprudente que le roi de Naples venait de faire contre les troupes autrichiennes, attirait sur l'Italie toute l'attention de l'Autriche. Ce projet certainement eût été le meilleur de tous, s'il eût été possible; mais, avant de commencer les hostilités, il fallait armer et approvisionner les places fortes ; lever les bataillons de garde nationale pour en former les garnisons, et rendre disponibles les troupes de ligne pour en composer l'armée. Quelque activité que l'on ait mise pour remplir ce double objet, les résultats n'ont pu en être obtenus que vers le premier juin. D'ailleurs, jusques dans les premiers jours de mai, on avait conservé l'espérance de maintenir la paix, et l'opinion publique aurait désapprouvé que l'on eût commencé la guerre avant d'avoir épuisé toutes les chances de conserver la paix (1).

D'autres militaires auraient voulu, au contraire, qu'on ne prît l'offensive nulle part ; que toutes les places fussent bien armées et approvisionnées pour six mois ; que de

(1) Quand on fait attention à la conduite du roi de Naples, dans les années 1814 et 1815, on ne peut s'empêcher de convenir que ce malheureux prince est celui qui, par sa mauvaise politique, a le plus contribué à renverser deux fois Napoléon. Si, en 1814, il n'eût pas abandonné la cause de la France pour celle de l'Autriche, la France n'eût pas été envahie; et si, en 1815, il n'eût pas déclaré la guerre à l'Autriche, la France n'aurait probablement pas subi

nombreux bataillons de garde nationale y fussent placés en garnison ; enfin, que toutes les troupes de ligne, formées en corps d'armée comme elles l'étaient en juin, eussent l'ordre de se retirer lentement devant l'ennemi, pour venir se concentrer sous Paris et sous Lyon, où d'immenses magasins de toute espèce avaient été préparés. Ceux-ci disaient : « Les premier, deuxième, troisième, quatrième, cinquième, sixième corps d'armée, et la garde impériale, se réuniront dans la capitale ; et, en supposant que les alliés commencent les hostilités au 15 juillet, ils ne pourront arriver dans le rayon de Paris avant le 15 août. Nos corps d'armée auront donc deux mois de plus pour s'augmenter ; les dépôts leur fourniront des renforts considérables ; la guerre de la Vendée sera entiè-

---

une seconde fois le joug de l'étranger. L'empereur d'Autriche, voyant son gendre assis de nouveau sur le trône de France, paraissait disposé à négocier avec lui, lorsque l'attaque de Murat, lui faisant croire qu'elle était le résultat d'un plan concerté avec Napoléon, il rompit toute négociation, en disant : *Comment puis-je traiter avec Napoléon, quand il me fait attaquer par Murat?*

rement terminée ; et au lieu de cent vingt mille hommes que ces corps peuvent présenter de disponibles au 15 juin, ils en auront deux cent mille au 15 août. Tous les dépôts réunis autour de Paris et de Lyon fourniront toutes les semaines de nouvelles ressources; l'ennemi s'approchant, les circonstances deviendront telles que tout sera légitime; et les moyens d'organisation et d'équipement deviendront nombreux. D'un autre côté, les fortifications de Paris seront entièrement terminées, et l'on aura non-seulement achevé les ouvrages sur la rive gauche, mais aussi établi le second système de défense, qui permettrait de négocier, et de sauver la ville quand le premier aurait été forcé. On aura également eu le temps de fortifier tous les points importans des environs de la capitale, tels que des positions à Nogent, à Montereau, à Meaux, et de préparer tout ce qui peut favoriser la célérité des mouvemens de nos corps sur les rives de la Marne et de la Seine. La présence de l'empereur à Paris pendant deux mois, avec une grande partie de l'armée, donnera le temps et le pouvoir, non-seulement d'ac-

2 *

croître les moyens matériels de défense, mais encore de changer l'organisation de la garde nationale. Trente mille gardes nationaux sont inutiles pour la garde proprement dite de la capitale, et emploient des fusils qui pourraient être utiles ailleurs. On aura donc le loisir de bien organiser la garde nationale; de la réduire à cinq ou six mille hommes, tous pères de famille ou vieillards, ce qui suffirait pour la police; et d'employer tout le reste dans des bataillons dont les cadres seraient formés d'officiers de la ligne. » Ces militaires ajoutaient : « Dans un mois on a organisé quatorze à quinze mille fédérés de bonne volonté, lorsque le danger était encore éloigné, et quand on était tenu à de grands ménagemens; dans les deux mois qui suivront, l'approche du danger donnant un mouvement convenable à l'esprit public, on pourra porter ce nombre à quarante mille. Les officiers pour les cadres ne manquent pas; ainsi on pourra avoir avant le mois d'août soixante mille hommes conduits par des officiers ayant fait la guerre, pour couvrir toute l'enceinte de la ville : l'on rendra disponible, par ce moyen, une armée de deux cent mille hommes avec une nombreuse artillerie. Elle pourra alors manœuvrer tout autour de la capitale, couverte par ses fortifications, et défendue par une garnison considérable. Dans une pareille situation, il serait impossible à l'ennemi, avec quatre ou cinq cent mille hommes, de bloquer un semblable système sans s'exposer à une perte certaine : dès lors les communications avec la France seraient toujours libres. D'un autre côté, le même système serait suivi pour Lyon ; le septième corps, (Suchet), et celui d'observation de Béfort, (Lecourbe), s'y centraliseraient, ainsi que toutes les gardes nationales du Dauphiné, de la Franche-Comté et du Lyonnais. On y réunirait cinquante mille hommes de toutes troupes, qui tiendraient tête à toute l'armée autrichienne. L'ennemi s'avançant sur ces deux grands centres de résistance, Paris et Lyon, serait obligé de laisser non-seulement des corps pour masquer toutes nos places, Dunkerque, Lille, Arras, Condé, Bouchain, Lequesnoy, Landrecies, Valenciennes, Maubeuge, Avesnes, Philippeville, Givet, Rocroy, Mézières, Sedan,

Mont-Médi, Verdun, Thionville, Longwi; Sarre-Louis, Metz, Sarguemines, Bitch, Landau, Hagueneau, Phalsbourg, Strasbourg, Schelestadt, Brisach, Huningue, Béfort, Besançon, Auxonne, Joux, Mont-Millau, Grènoble, Mont-Dauphin, Embrun, Briançon, Systeron, Antibes, Toulon, etc.; mais encore de tenir un grand nombre de corps détachés pour les opposer à nos corps de partisans, empêcher les hostilités de nos paysans, et assurer les communications : ainsi, les six cent mille hommes des armées alliées seraient insuffisans. Dans cette position, tout ce que le caractère français a de grand et de généreux s'exalterait, et il ne serait question dans toute la France que de vaincre ou mourir. Lorsque de pareils sentimens animent une population de vingt-huit millions d'ames, elle devient invincible; les rois de l'Europe devraient nécessairement le sentir, et la paix en serait probablement le résultat. »

Le troisième projet était de prévenir l'ennemi; on savait, jour par jour, où se trouvaient les armées russes et autrichiennes, et l'époque de l'arrivée de l'armée anglaise d'Amérique. Ces armées ne pouvaient être prêtes à agir simultanément qu'en juillet: on proposait de réunir au 15 juin le plus de troupes qu'il serait possible, et l'on calculait pouvoir en réunir de cent trente à cent quarante mille hommes sur la frontière du nord ; d'attaquer aussitôt, de disperser les Anglais, et de chasser les Prussiens au-delà du Rhin. Cela obtenu , tout était terminé , une révolution dans le ministère aurait lieu à Londres ; la Belgique se lèverait en masse, et toutes les troupes belges passeraient sous leur ancien étendard ; toutes les troupes de la rive gauche du Rhin , celles de Saxe , de Bavière, de Wurtemberg, etc., fatiguées du joug de plomb de la Prusse et de l'Autriche , se tourneraient du côté de la France. Pendant ces grands mouvemens , tout ce qui s'équipait dans les dépôts, tous les bataillons de garde nationale soldée qui étaient dans nos places, deviendraient disponibles , et l'armée de France se présenterait sur le Rhin, égale en force à celles d'Autriche et de Russie. On s'assurerait ainsi de la Belgique et de la barrière du Rhin ; et l'on pourrait alors espérer d'obtenir, par une paix solide, ces limites naturelles de la France que l'empereur n'avait jamais voulu céder.

L'empereur adopta les deux derniers projets, comme étant l'un la suite de l'autre. D'un côté, il fit tous les préparatifs à Paris et à Lyon pour en faire deux grands centres de résistance; et, de l'autre, il réunit toutes les troupes disponibles en Flandre pour y prendre l'offensive. Dans le cas où cette offensive n'aurait pas le succès qu'on en pouvait espérer, tout était préparé pour se replier sur Paris et sur Lyon, et exécuter le second projet. *Il répugnait à l'empereur d'abandonner, dès le commencement de la campagne, sans défense, aux ravages de l'ennemi, les provinces les plus dévouées à la cause nationale, l'Alsace, la Lorraine, la Bourgogne, le Franche-Comté, les départemens de la Meuse, le Dauphiné, la Picardie et tous les environs de Paris.* Sans doute qu'en revenant au second projet, après avoir échoué en prenant l'offensive, on y revenait avec quelque désavantage; mais ce désavantage ne pouvait être mis en balance avec l'espoir de dissoudre la coalition par un coup de tonnerre, en détruisant l'armée anglaise, et en établissant une guerre réglée sur nos frontières.

Les événemens ont déjoué tous ces calculs; mais le plan choisi était tellement dans toutes les règles militaires, que, malgré sa non réussite, tout homme de sens conviendra qu'en pareille situation, c'est encore celui qu'il faudrait suivre.

CHAPITRE IV.

Armée française disponible. — Passage de la Sambre.

Le plan de campagne fut arrêté par Napoléon dans les premiers jour de mai. Il se décida, dès ce moment, à prendre l'offensive au 15 juin, et à passer la Sambre à Charleroi. Il ne pouvait disposer pour cette opération que des premier, deuxième, troisième, quatrième, sixième corps d'armée, de la garde impériale, et des réserves de cavalerie (1).

(1) *Armée française disponible.*

Premier corps		18,420 hom.	46 bouch. à feu.
Second		23,420	46
Troisième		15,260	38
Quatrième		14,260	38
Sixième		11,260	38
Garde	Infanterie	12,940	72
	Cavalerie	4,480	24
Réserve, cavalerie		11,260	48
Sapeurs, Ponts, etc.		3,700	
Total général		115,000 hom.	350 bouch. à feu.

Le cinquième corps était indispensable en Alsace, pour contenir les troupes ennemies qui étaient sur la rive gauche du Rhin et sur la Sarre. Le corps d'observation de Béfort, ainsi qu'on la vu plus haut, servait de noyau à un grand nombre de bataillons de garde nationale d'élite; et, en l'appelant à l'armée du nord, on eût annullé une vingtaine de ces bataillons qui, soutenus par lui, pouvaient rendre de grands services. D'ailleurs, les trois régimens d'infanterie de ce corps formaient à peine deux mille hommes, et, d'après le plan général, il était destiné à se replier sur Lyon. Le septième corps, qui couvrait Lyon, et donnait de la consistance à toutes les gardes nationales du Dauphiné et du Lyonnais, n'ayant que huit régimens, ne pouvait être affaibli. Le corps d'observation du Var était absolument nécessaire pour surveiller Marseille, toutes les côtes de la Provence, et se centraliser à Toulon, un des points les plus importans de l'empire. Les deux corps d'observation de Bordeaux, de Toulouse, étaient très-faibles, mais ils donnaient de la valeur à de nombreux corps de garde nationale, et maintenaient la tranquillité dans ces deux grandes villes.

L'on voit donc qu'en laissant un rideau devant toutes nos frontières, on ne pouvait rassembler dans le nord que les cinq corps sus-mentionnés. Ces cinq corps d'armée, avec la garde impériale et les réserves de cavalerie, au lieu de cent trente mille hommes, sur lesquels on comptait en mai, n'en présentaient plus que cent quinze mille en juin (Voy. *Appendix*). La guerre de la Vendée, allumée le 15 mai, avait diminué l'armée du nord d'une quinzaine de mille hommes, dont trois régimens de dragons, deux de la jeune garde, et un bon nombre de détachemens et de troisièmes bataillons: ils avaient été arrêtés à leur passage sur la Loire pour cette armée de la Vendée.

Le quatrième corps, commandé par le général Gérard, se mit en marche de Metz le 6 juin, et se dirigea sur la Meuse et Philippeville, où il arriva le 14. Le général Belliard prit à Metz le commandement de toute la Moselle, et masqua le mouvement du quatrième corps, en occupant tous les débouchés de la Sarre par des détachemens des garnisons de Metz, Longwy, etc., et en plaçant sur l'extrême frontière tous les corps francs qui avaient été levés dans ces pays; en sorte que l'ennemi, au moment où le quatrième corps quittait la Sarre, voyant se renforcer tous les postes sur cette rivière, se crut menacé de ce côté. La garde impériale partit de Paris le 8, le lendemain de l'ouverture des deux chambres, et se dirigea à marches forcées sur Avesnes. Tous les corps de l'armée du nord étaient en marche, et partout leur mouvement était masqué, comme celui du quatrième corps, par de nombreux détachemens des garnisons de toutes les places sur la ligne de Dunkerque à Maubeuge.

L'empereur partit de Paris le 12 au matin, déjeûna à Soissons, visita cette place et sa garnison, et fut coucher à Laon, où il donna les derniers ordres pour la mise en état de défense de ce point important. Le 13 il arriva à Avesnes, en examina les fortifications, et eut une conférence avec les maréchaux et commandans des corps (1).

---

(1) Voyez Appendix, Ordre du jour.

L'armée marcha toute la journée du 14, et le soir elle campa sur trois directions. La gauche, composée des deuxième et premier corps qui avaient fait leur mouvement en suivant la Sambre, qui les couvrait, était bivouaquée, le deuxième corps en tête, à Laire, le premier à Solre-sur-Sambre. Tous les passages et les ponts sur cette rivière étaient soigneusement gardés, et les corps avaient établi leurs bivouacs en arrière des bois et des accidens de terrain qui les dérobaient au regard des vedettes ennemies. Au centre, à Beaumont, était le quartier général, avec la garde, les troisième et sixième corps, les réserves de cavalerie, et les équipages de pont. La droite, formée par le quatrième corps, et une division de cuirassiers (Delort), était en avant de Philippeville. Les rapports et appels du soir présentaient le résultat suivant.

		Infanterie.	Cavalerie.	Bouches à feu.
GAUCHE. 38,500 h.	1er. corps,	16,000.	1,500.	46.
	2e.	19,550.	1,500.	46.
CENTRE. 1,800 h.	3e.	13,000.	1,500.	38.
	6e.	9,000.	1,500.	38.
	Garde Impér.	14,000.	4,000.	96.
	Réserve de cavaler. 1er. corps,		2,500.	12.
	2e.		2,560.	12.
	3e.		2,500.	12.
	4e.		1,300.	6.
DROITE. 14,700 h.	4e. corps,	12,000.	1,500.	38.
	Div. de cuirass.		1,200.	6.
	TOTAL....	83,580.	21,500.	350.

Ce qui, avec les troupes d'artillerie et des équipages, formait un total de cent quinze mille hommes, dont vingt-quatre mille de cavalerie.

Les armées alliées restaient dans une grande sécurité dans leurs cantonnemens. L'armée prusienne, commandée par le maréchal Blucher, était forte de cent vingt mille hommes, dont dix-huit mille de cavalerie : elle avait trois cents bouches à feu, et était divisée en quatre corps, chacun de trente mille hommes (1). Le premier, commandé par le général Ziéthen, appuyait sa droite aux cantonnemens des Anglais, bordait la Sambre aux environs de Charleroi, et avait Fleurus pour point de concentration Le deuxième, commandé par le général Borstell, était cantonné sur la frontière, aux environs de Namur, qui était son point de centralisation. Le troisième, commandé par le général Thielman, bordait la Meuse aux environs de Dinant, et devait se concentrer à Ciney. Enfin, le quatrième corps, sous les ordres du général Bulow, était cantonné en arrière des trois autres : il avait son quartier général à Liége, mais devait se réunir sur Hannut. Il fallait plus d'une demi-journée pour la seule réunion de chaque corps autour des quatre points désignés; et, pour se porter sur le point d'attaque, le deuxième corps, de Namur, avait huit lieues à faire; le troisième, de Ciney, quatorze lieues; et

---

Armée prussienne.

Infanterie	102 000.
Cavalerie	18 000.
Total	120,000.

le quatrième, de Hannut, quinze lieues. Le quartier général de Blucher était à Namur, éloigné de seize lieues de celui du duc de Wellington, qui était à Bruxelles.

L'armée anglo-hollandaise (1), sous les ordres du duc de Wellington, formée d'Anglais, d'Hanovriens, d'Allemands, de Belges, de Brunswickois, d'Hollandais, était de plus de cent mille hommes, dont près de seize mille de cavalerie. Le train d'artillerie de ces diverses troupes formait un total de deux cent cinquante-huit bouches à feu. Cette armée, composée de dix divisions d'infanterie (formant vingt-cinq brigades, dont dix de troupes anglaises, cinq hanovriennes, deux de légion allemande, cinq hollandaises, une de Nassau, deux de Brunswickois), et de onze brigades de cavalerie, dont sept anglaises et de légion allemande, une hanovrienne, deux hollandaises, une bruns-

(1) *Armée anglo-hollandaise.* (*Voyez* Appendix.)

Infanterie	79,400 hommes.
Cavalerie	15,600
Artillerie, Génie, etc.	7,500
Total	102,500 h. et 258 canons.

wickoise, fut divisée en deux grands corps d'infanterie et un de cavalerie. Le premier, sous les ordres du prince d'Orange, dont le quartier général était à Braine-le-Comte, était composé de deux divisions anglaises, deux divisions et une brigade hollandaises, et de cinq bataillons de Nassau, qui complétaient la troisième division. Le deuxième corps, sous les ordres du général Hill, qui avait son quartier général à Grammont, était formé de quatre divisions anglaises et d'une division de Brunswickois. La cavalerie était sous les ordres de lord Uxbridge.

Les points de réunion des corps de cette armée étaient Ath, Enguein, Braide-le-Comte, Nivelles, Hall, Bruxelles, etc.; il fallait au moins deux jours pour qu'elle fût toute réunie sur Charleroi ou Fleurus.

Dans la nuit du 14 au 15, des espions, de retour au quartier général, annoncèrent que tout était tranquille à Namur, à Bruxelles, et même à Charleroi; ce qui fit concevoir l'espoir de séparer les deux armées ennemies, et de les combattre l'une après l'autre. C'était déjà un succès obtenu que les mouvemens de l'armée française, depuis deux jours, eussent été dérobés à l'ennemi, et que celui-ci fût encore dans ses cantonnemens. Bientôt on eut la certitude que les hussards des avant-postes n'avaient aucune idée de ce qui se passait. Cependant le général B......., chef d'état major du quatrième corps, était passé à l'ennemi dans la journée du 14, avec le colonel du génie C....., et un officier d'état major. Ils auraient donc pu être arrivés à Namur; mais il est vrai qu'eux-mêmes, venant de Metz avec le quatrième corps, ignoraient les intentions et les mouvemens des autres corps français (1). On calculait qu'à la pointe du jour du 15, les premiers coups de fusil seraient tirés sur les avant-postes prussiens : le

---

(1) Le 15, lorsque le maréchal Ney joignit l'empereur, S. M. lui dit : « Eh bien ! M. le maréchal, *votre protégé B......., dont vous me répondiez tant, que je n'ai placé qu'à votre sollicitation, a passé à l'ennemi.* » Le maréchal, confus, cherchait à s'excuser, en disant que M. B....... lui avait paru si dévoué à sa majesté, qu'il en aurait répondu comme de lui-même; mais l'empereur l'interrompit et lui dit : « Allez, M. le maréchal, CEUX QUI SONT BLEUS SONT BLEUS, CEUX QUI SONT BLANCS SONT BLANCS ! »

quartier général prussien serait donc prévenu à 10 heures du mouvement de l'armée française, tandis que celui de l'armée anglaise ne le serait que vers la fin de la journée. L'armée prussienne, prévenue huit ou dix heures avant l'armée anglaise, serait donc la première réunie. On concevait même l'espérance de pouvoir l'attaquer avant que ses quatre corps se fussent joints, ou de l'obliger de prendre une position en arrière, dans la direction de Liége et du Rhin, qui était sa ligne d'opérations, et, la séparant ainsi de l'armée anglaise, donner lieu à d'autres combinaisons.

Dans ces calculs, le caractère des généraux en chefs devait entrer pour beaucoup : les habitudes de hussard du maréchal Blucher, son activité, et son caractère décidé, contrastaient beaucoup avec le caractère circonspect, les manières lentes et méthodiques du duc de Wellington : aussi était-il facile de prévoir que l'armée prusienne serait la première réunie, comme aussi qu'elle montrerait plus de décision et de promptitude pour accourir au secours de son alliée. Blucher, n'eût-il eu que deux bataillons ralliés, les aurait employés au soutien de l'armée anglaise; et on devait penser que Wellington, à moins que toute son armée ne fût réunie, n'attaquerait pas les Français pour dégager Blucher. Toutes ces raisons faisaient désirer que ce fût contre l'armée prussienne que commençât l'attaque; il fallait donc qu'elle se trouvât la première réunie, et c'est ce qui eut lieu.

Le 15, au point du jour, les trois colonnes françaises se mirent en marche (1). L'avant-garde de la gauche, formée par une division du deuxième corps, rencontra au sortir de ses bivouacs, l'avant-garde du corps prussien du général Ziéthen; elle la culbuta, s'empara du pont de Marchiennes, et fit trois cents prisonniers; le reste des Prussiens se sauva sur Charleroi, où était le quartier général de ce corps.

Au centre, le général Vandamme avait ordre de partir à trois heures du matin. De son camp à Charleroi, il n'y avait pas de chaussée; ses colonnes s'égarèrent dans les chemins de traverse, et ce corps, au lieu

(1) *Voyez* Appendix, Ordre de Mouvement.

d'arriver à Charleroi à neuf heures, ce qui était de la plus haute importance, n'y arriva qu'à une heure après midi. Napoléon, à la tête de sa garde, déboucha sur cette ville par une autre traverse, et y entra à onze heures. Le général Pajol, avec sa cavalerie légère, y était entré déjà depuis une demi-heure, à la suite de l'ennemi. Cette absence pendant quatre heures du corps de Vandamme, fut un funeste contre-temps.

La droite, commandée par le général Gérard, rencontra de mauvais chemins; son avant-garde surprit de bonne heure le pont du Châtelet, mais toute cette colonne ne put y arriver que dans la soirée. En sortant de Charleroi, une chaussée, dite celle de Bruxelles, se dirige sur cette ville, qui est à quatorze lieues de la première en passant par Gosselies, Frasnes, Gennape et Waterloo. Une autre chaussée prend à droite de la route de Bruxelles, et se dirige par Gilly, sur Namur, distant de huit lieues de Charleroi. Le corps de Ziéthen, instruit par ses hussards du mouvement de toute l'armée française, évacua, en toute hâte, Charleroi par les routes de Bruxelles et de Namur. La partie du corps prussien qui prit la route de Bruxelles s'arrêta à Gosselies; celle qui prit la route de Namur s'arrêta à Gilly. Le général Pajol envoya un régiment de hussards, commandé par le général Clary, sur la route de Bruxelles, pour poursuivre l'arrière-garde prusienne, tandis qu'avec les autres troupes de sa division, il la poussait sur la route de Namur.

On escarmouchait sur les deux routes quand l'empereur arriva. Instruit des dispositions du général Pajol, il jugea que le général Clary n'était pas assez fort, et envoya le général Lefebvre Desnouettes avec sa division de cavalerie et ses batteries pour le soutenir. Il plaça la division d'infanterie Duhesme en bataille, derrière Pajol, et détacha un régiment d'infanterie avec deux pièces, pour prendre une position à moitié chemin de Charleroi à Gosselies. Dans cet état de choses, l'empereur donna ordre d'attendre le reste de la garde et le troisième corps. Il envoya l'ordre au général Reille de hâter son passage à Marchiennes, de se porter sur Gosselies, et de pousser vivement tout ce qu'il rencontrerait sur la route de

Bruxelles. Le comte d'Erlon eut le même ordre. Grouchy ne tarda pas à arriver avec toutes les réserves de cavalerie ; il fut suivi du troisième corps. Aussitôt que Ziéthen s'en aperçut, il évacua Gilly, qui est à l'intersection des deux routes, dont l'une se dirige sur Namur, et l'autre sur Sombref, où elle rencontre la route de Namur à Nivelles.

Le général Pajol prit aussitôt position à Gilly, ayant en face de lui un gros corps ennemi.

Cependant le général Reille, avec le deuxième corps, avait passé la Sambre à Marchiennes. Il se porta rapidement par la traverse pour couper, vers Gosselies, la route de Bruxelles. Le premier corps devait suivre le mouvement du deuxième : le maréchal Ney arriva en ce moment sur le champ de bataille, près de Napoléon, qui lui donna à l'instant l'ordre de se rendre à Gosselies, et de prendre le commandement de toute la gauche, composée des premier et deuxième corps, de la division de cavalerie légère de la garde, et d'une brigade de la cavalerie de Pajol. Cette cavalerie devait être remplacée dans la nuit par la grosse cavalerie du général Kellerman. Napoléon prescrivit au maréchal Ney de donner tête baissée sur tout ce qu'il rencontrerait sur la route de Bruxelles, et de prendre position avec ce corps de plus de quarante mille hommes, au-delà des Quatre-Bras, en tenant de fortes avant-gardes sur les routes de Bruxelles et de Namur (1). L'empereur envoya en même temps un de ses officiers pour faire connaître aux commandans des corps que sa majesté donnait le commandement de toute la gauche à ce maréchal.

Lorsque le maréchal Ney arriva à Gosse-

---

(1) L'empereur, après lui avoir donné ces ordres, ajouta : « *Monsieur le maréchal, vous connaissez bien la position des Quatre-Bras* » ? « Oui, sire, répondit le maréchal ; comment ne la connaîtrais-je pas ? il y a vingt ans que j'ai fait la guerre en ce pays ; cette position est la clef de tout ». « *Eh bien! lui dit l'empereur, ralliez-y vos deux corps, et, s'il est nécessaire, élevez-y quelques redoutes : pressez la marche de d'Erlon, et qu'il rappelle tous les détachemens qu'il aura laissés aux ponts sur la Sambre : tout doit être rallié avant minuit* ». Ney repartit aussitôt : « Fiez-vous à moi ; dans deux heures nous serons aux Quatre-Bras, à moins que toute l'armée ennemie n'y soit ! »

lies, la brigade Clary, soutenue par le deuxième corps, s'emparait de ce bourg, et en chassait les Prussiens, qui se retirèrent sur Fleurus. Le général Reille détacha, à la poursuite de l'ennemi, la division d'infanterie Girard, et continua sa marche sur Bruxelles, pour aller prendre position aux Quatre-Bras. Le prince Bernard de Saxe, commandant une brigade (forte de cinq bataillons, 4000 hommes) de la troisième division belge de l'armée du duc de Wellington, était cantonné à Gennape : entendant le bruit du canon sur Charleroi, et instruit de la retraite du corps de Ziéthen, il se porta avec sa brigade à Frasnes, où était un de ses bataillons avec une batterie belge; mais la cavalerie légère française l'ayant bientôt chassé de ce village, le prince Bernard se retira sur les Quatre-Bras et prit position. Notre cavalerie plaça des postes dans le bois de Bossu, qui est à cette hauteur; et le maréchal Ney, entendant la canonnade entre Fleurus et Gilly, fit arrêter le corps de Reille, entre Gosselies et Frasnes (1).

(1) On se demande pourquoi Ney n'a-t-il pas oc-

Aussitôt que l'empereur eut appris que la gauche était maîtresse de Gosselies, et qu'elle se dirigeait sur les Quatre-Bras, il s'était porté sur Fleurus. Les corps de Vandamme et de Grouchy s'étaient réunis à Gilly; mais ces généraux, trompés par de faux rapports, restaient immobiles, croyant toute l'armée prussienne dans les bois de Fleurus. L'empereur ayant été en personne reconnaître l'ennemi, ne vit qu'une partie du corps de Ziéthen, et ordonna de l'attaquer vivement;

---

cupé cette position des Quatre-Bras? Il paraît que le souvenir de sa conduite en 1814, et dernièrement en mars 1815, occasionnait en lui un bouleversement moral, qui se faisait sentir dans toutes ses actions. D'ailleurs ce maréchal, le premier des braves au feu, prenait souvent le change dans des dispositions de campagne. Instruit par sa cavalerie légère que l'ennemi n'avait que peu de forces aux Quatre-Bras, il jugea plus prudent de rester à la hauteur des coups de canon qu'il entendait sur sa droite, et dirigea la division Girard comme une avant garde sur Fleurus. Voulant cependant paraître avoir exécuté ses ordres, il rendit compte à S. M. qu'il occupait les Quatre-Bras par une avant-garde, et que ses masses étaient en arrière.

celui-ci se mit sur-le-champ en retraite. L'empereur, impatienté de voir ce corps lui échapper, donna ordre à l'aide-de-camp Le Tort de prendre les quatre escadrons d'escorte, et de charger l'arrière-garde. Ils enfoncèrent deux carrés, et détruisirent un régiment; mais l'intrépide Le Tort, officier du plus grand mérite, tomba blessé mortellement. L'ennemi se retira sur Fleurus à travers les bois de Trichenaye et de Lambusart, où les corps de Grouchy et de Vandamme prirent position. L'empereur, après avoir reçu des nouvelles de sa droite, revint à Charleroi, pour y recevoir tous ses rapports.

Dans la nuit du 15 au 16, les positions respectives des trois armées furent celles-ci : le quartier-général français à Charleroi; celui des Prussiens à Namur; celui des Anglais à Bruxelles.

La gauche de l'armée française, sous les ordres du maréchal Ney, avait son quartier général à Gosselies, son avant-garde à Frasnes; le corps du général Reille entre Gosselies et Frasnes, ayant une division (Girard) à Vagnies, dans la direction de

Fleurus; le corps du général d'Erlon entre Marchiennes et Julmet.

Le centre, formé du corps de Vandamme et des réserves de cavalerie de Grouchy, bordant les bois vis-à-vis Fleurus.

La droite, formée du corps du général Gérard, ayant passé la Sambre, était en avant du Châtelet.

La garde impériale, échelonnée entre Fleurus et Charleroi. Le sixième corps, en avant de cette ville. Le corps des cuirassiers de Kellerman, avec le grand parc d'artillerie, sur la rive gauche de la Sambre, en arrière de Charleroi.

L'armée prussienne avait son premier corps rallié à Fleurus; les trois autres corps en mouvement pour se réunir à leurs points de concentration, afin de se porter ensuite sur Sombref et Ligni.

L'armée anglaise venait de recevoir l'ordre de se réunir. Pendant tous les mouvemens du 15, le duc de Wellington était resté tranquille à Bruxelles. Sur les sept ou huit heures du soir, il avait reçu un courrier de Blucher, qui lui annonçait que les hostilités étaient commencées; qu'une forte reconnaissance française avait sabré quelques-uns de ses avant-postes; mais le général anglais, attendant que le mouvement fût plus prononcé, n'avait donné aucun ordre de marche : ce ne fut que sur le minuit qu'un second courrier de Blucher lui porta au bal la nouvelle que les Français avaient pris Charleroi. Alors le duc avait fait battre la générale, et avait expédié dans les cantonnemens les ordres pour la réunion des troupes sur-le-champ. Le corps du duc de Brunswick, et la division du général Picton, qui étaient à Bruxelles, furent les premiers réunis; et à la pointe du jour ils se mirent en marche, se dirigeant sur Charleroi.

CHAPITRE V.

Bataille de Ligni.

LE 16, au matin, Napoléon donna ordre au général Kellerman de se porter avec son corps de cuirassiers de Charleroi aux Quatre-Bras, pour renforcer la gauche sous les ordres du maréchal Ney (1). Il envoya l'ordre à ce maréchal de marcher en avant avec toute cette gauche ainsi renforcée, ce qui lui faisait plus de quarante-cinq mille hommes, et de prendre une bonne position au-delà de celle des Quatre-Bras, puisqu'il ne l'avait pas prise la veille ; et, dans le cas où l'armée prussienne, comme on le supposait, recevrait la bataille près de Fleurus ou de Gembloux,

---

(1) *Gauche sous le maréchal Ney.*

		Bouches à feu.
Deuxième corps,	23,420	46.
Premier corps,	18,420	46.
Cuirassiers,	2,700	12.
Cavalerie légère (garde),	2,240	12.
	46,780	116.

de faire un détachement, par la chaussée des Quatre-Bras à Namur, sur le flanc droit des Prussiens.

L'aide de camp Flahaut fut envoyé près de ce maréchal, pour presser et suivre tout ce mouvement. Napoléon marcha sur Fleurus avec tout le centre, à l'exception du sixième corps (Lobau), qui fut laissé à Charleroi. La droite, conduite par le général Gérard, partit du Châtelet, et joignit le centre à une heure après midi.

On ne tarda pas à apercevoir un corps prussien assez considérable, placé sur les hauteurs de Bry. L'armée prit position. Le corps de Vandamme en avant de Fleurus : celui de Gérard au centre ; les deux corps de cavalerie légère, Pajol et Excelmans, sous les ordres du maréchal Grouchy, à l'extrême droite. La garde impériale à pied et à cheval, et toutes les réserves d'artillerie, en seconde ligne sur le rideau en arrière de Fleurus. Le sixième corps reçut l'ordre de se rendre sur ce village. Napoléon, peu accompagné, parcourut toute la ligne des tirailleurs, monta sur plusieurs hauteurs et dans des moulins. Il ne tarda pas à reconnaître l'armée prusienne, dont la gauche était à Sombref, le centre à Ligni, la droite à Saint-Amand, et les réserves sur les hauteurs de Bry ; tout le front couvert par un ravin profond qui liait entre eux les trois villages. Cette position de bataille, quoique très-forte par elle-même, parut cependant, au premier coup d'œil, extraordinaire ; car, celle des Quatre-Bras se trouvait sur les derrières de l'ennemi, dont la droite était ainsi tout-à-fait en l'air.

L'empereur jugea que cette armée était d'environ quatre-vingt-dix mille hommes (1), et qu'elle était là attendant, d'une part l'arrivée du corps de Bulow, et de l'autre l'arrivée de l'armée anglo-hollandaise aux Quatre-Bras. L'une et l'autre de ces opérations ne

(1) *Armée prussienne.*

90,000 hommes.

Armée française.

Garde,	15,180.
Division Girard,	5,160.
Troisième corps,	15,260.
Quatrième *id.*,	14,260.
Cavalerie sous Grouchy,	8,420.
	58,280 hommes.

pouvaient avoir lieu que dans la journée du 17. Il était donc évident, par la position que le maréchal Blucher venait de prendre, qu'il croyait en imposer à l'armée française, gagner un jour et une nuit, afin de donner le temps à ses réserves de le joindre, et à l'armée anglaise de se former à sa droite; ce qui alors aurait mis en ligne une armée de deux cent mille hommes. Napoléon résolut d'attaquer à l'instant; toute l'armée fit un changement de front, l'aile droite en avant, en pivotant sur l'extrémité de la gauche. Par ce mouvement, le corps de Vandamme se trouva vis-à-vis Saint-Amand; celui de Gérard vis-à-vis Ligni, et celui de Grouchy opposé à Sombref. La garde et les cuirassiers de Milhaut, en seconde ligne, à cinq cents pas en avant de Fleurus, du côté de Saint-Amand.

La division Girard (du corps de Reille), qui formait l'extrême droite des corps sous le maréchal Ney, se trouvait présentement former l'extrême gauche du corps de Vandamme. Ainsi cette division liait les deux armées.

Napoléon avait envoyé ordre sur ordre au

maréchal Ney d'attaquer avec la plus grande impétuosité tout ce qui était devant lui. A midi, il lui fit témoigner son mécontentement de ce qu'il n'avait pas encore pris les armes, et était dans ses bivouacs; il lui réitéra l'ordre d'attaquer, tête baissée, la position des Quatre-Bras, où, d'après les nouvelles qu'il avait reçues de Bruxelles, il ne trouverait que quelques forces belges; l'armée anglaise n'étant pas réunie, et ignorant encore le 15, à onze heures du soir, tout ce qui se passait. Sa majesté lui prescrivit de nouveau qu'aussitôt qu'il aurait pris position en avant des Quatre-Bras, il suivît l'ordre qu'il avait déjà reçu de faire un détachement par la chaussée de Namur, pour tomber sur les derrières de l'armée prussienne, dont on lui faisait connaître la position. Ce mouvement devait causer la ruine totale de l'armée ennemie. L'empereur en était si persuadé, qu'il termina ses instructions au colonel Forbin Janson, qu'il envoyait au maréchal Ney, par ces mots : « *Dites-lui que le sort de la France est entre ses mains.* »

Le temps était précieux : il fallait se hâter d'agir. A trois heures, tous les préparatifs étant terminés, Vandamme aborda la droite de l'ennemi à Saint-Amand, que la division Girard devait tourner. Quelques instans après, Gérard attaqua le centre à Ligni, en même temps que Grouchy rejetait au-delà du ruisseau de Ligni toute la cavalerie ennemie, et forçait la gauche des Prussiens à rentrer dans sa position de Sombref. Napoléon ne fut pas satisfait de l'attaque de Vandamme : les succès y furent variés. Le général Girard, officier plein de feu et de moyens, fit avec sa division plus qu'on ne pouvait attendre d'une pareille division de 4000 hommes. Le général Gérard, à la tête du quatrième corps, dans son attaque sur Ligni, se comporta avec son talent et sa bravoure ordinaires. La canonnade et la fusillade engagées sur toute la ligne, le feu devint très-vif. Le village de Ligni, d'une construction bien solide, et situé au-delà du ravin, qui est là fort escarpé, fut défendu avec beaucoup d'opiniâtreté : il fut pris et repris plusieurs fois. A cinq heures et demie, Gérard n'en était pas encore entièrement maître; l'aide de camp Gourgaud, qui suivait cette attaque, vint en rendre compte à l'empereur, et lui dire que toutes les réserves du quatrième corps étaient engagées sans que rien fût encore décidé pour la possession du village. Napoléon fit faire alors plusieurs mouvemens à sa garde, pour la diriger lui-même sur ce point important, et faire une attaque décisive, ayant derrière lui toute la cavalerie. On pouvait espérer les résultats les plus beaux, lorsque le général Vandamme envoya prévenir qu'à une lieue sur sa gauche, une colonne ennemie, d'une vingtaine de mille hommes, débouchait des bois, et nous tournait ainsi, en ayant l'air de se porter sur Fleurus. L'empereur fit faire halte à sa garde, et ordonna diverses dispositions pour recevoir cette colonne. Ce mouvement paraissait inexplicable : il fallait que ce corps ennemi eût pénétré entre les corps du maréchal Ney et ceux de l'empereur. A six heures et demie, l'aide de camp Déjean, que sa majesté avait envoyé pour reconnaître les mouvemens de cette colonne, vint annoncer que c'était le premier corps d'armée, commandé par le général d'Erlong. Napoléon ne put se rendre raison d'un tel mouvement.

L'erreur une fois reconnue, il fallut une demi-heure pour rappeler les réserves, et ce ne fut qu'à sept heures que Napoléon put marcher sur Ligni. L'attaque eut lieu, comme elle avait été projetée; mais cette malheureuse erreur l'avait retardée de deux heures. Ligni fut emporté; l'ennemi, battu partout, ayant son centre enfoncé, et sa droite tournée au-delà de Saint-Amant par la division Girard, abandonna précipitamment le champ de bataille, et se mit en retraite dans plusieurs directions. Quarante pièces de canon, six drapeaux, et un grand nombre de prisonniers, tombèrent en notre pouvoir. L'obscurité de la nuit ne permit pas d'obtenir tous les résultats qu'on devait espérer de cette victoire. Une seule division du sixième corps tira quelques coups de fusil à la fin de la journée. On peut dire que ce corps ne fut pas engagé; ainsi l'armée prussienne, forte de quatre-ving-dix mille hommes (Bulow ne l'avait pas rejointe) a été battue en quatre heures de temps, par soixante mille Français. (*Voy. Appendix.*)

Notre perte a été de sept à huit mille

hommes. Le brave général Girard termina glorieusement sa carrière dans cette journée (1). L'ennemi a évalué lui-même ses pertes à vingt-cinq mille hommes. Le maréchal Blucher, renversé de son cheval, fut quelques instans au pouvoir de nos cuirassiers. L'armée prussienne opéra sa retraite, le premier corps et le deuxième sur Tilly, et le troisième sur Gembloux, où il se rencontra dans la nuit avec celui de Bulow (le quatrième), qui arrivait de Liége.

Pendant que le centre et la droite de l'armée française obtenaient ces succès, de grandes fautes se commettaient à la gauche : le maréchal Ney n'occupait pas la position des Quatre-Bras. Le prince d'Orange, dont le quartier général était à Nivelles, s'était porté le 16, à la pointe du jour, aux Quatre-Bras, et avait renforcé la brigade du prince Bernard par une autre brigade :

---

(1) C'est le même général qui, blessé de deux balles dans le corps, à la journée de Lutzen, ne voulut pas se laisser enlever avant la fin de la bataille, disant : « C'est aujourd'hui le jour, pour tout ce qui a le cœur français, de vaincre ou mourir. »

ainsi, cette importante position ne fut occupée, une grande partie du jour, qu'avec neuf mille hommes. Le maréchal Ney, qui devait l'occuper le 15 au soir, qui aurait dû au moins l'occuper le 16, à la pointe du jour, n'avait encore fait aucun mouvement à deux heures après midi. Il ne marcha sur cette position qu'après que l'ordre lui en eut été réitéré, et qu'il entendit la canonnade bien engagée sur Ligni. On ne sait par quelle fatalité il ne fit pas avancer toutes les troupes sous ses ordres, et laissa en arrière la cavalerie légère de la garde, et tout le premier corps (d'Erlon). Il ne se porta en avant qu'avec trois divisions du corps de Reille, ce qui, avec la cavalerie et l'artillerie, faisait une vingtaine de mille hommes, laissant derrière lui deux mille cavaliers d'élite, et les dix-huit mille hommes d'infanterie du premier corps, qui un peu plus tard se porta sur Fleurus (1).

(1) *Corps français qui combattent aux Quatre-Bras.*

2e. corps (diminué de la division Girard).	18,260.
Cavalerie du premier corps,	1,620.
Cuirassiers,	2,840.
Total	22,720.

Les tirailleurs du prince d'Orange furent bientôt repliés, et toute la division était menacée d'une perte totale, si le corps de Brunswick, et une demi-heure après la division anglaise du général Picton, qui étaient partis le matin de Bruxelles, ne fussent arrivés sur le champ de bataille. L'ennemi se trouvait alors avoir plus de trente mille hommes, mais il avait très-peu de cavalerie et d'artillerie, cette dernière n'ayant pu suivre le mouvement accéléré de l'infanterie, qui, venant de Bruxelles, avait fait neuf lieues. Cependant le maréchal Ney, par son intrépidité, et par l'ardeur des troupes françaises, gagnait toujours du terrain, et repoussait un ennemi supérieur en forces. Le duc de Brunswick avait été tué ; des charges de cuirassiers avaient enfoncé le carré du quarante-deuxième régiment (écossais), enlevé son drapeau, tué son colonel ; la voictoire allait se déclarer pour les Français, lorsque les divisions Cook et d'Alten vinrent rétablir les affaires des ennemis. Ce renfort, d'environ dix-huit mille hommes, qui, sur les quatre heures du soir portait les forces du duc de Wellington à cinquànte mille hommes, lui permit de se maintenir dans sa position ; et l'armée française fut réduite à ne se plus battre que pour conserver la sienne.

La perte des Français sur ce point fut d'environ quatre mille hommes ; l'ennemi perdit deux fois plus, ayant eu constamment ses masses nombreuses exposées à tout le feu de notre artillerie, et sans pouvoir y répondre (1).

Il est impossible de se battre avec plus de courage et d'ardeur que ne le fit le maréchal Ney, avec ce qu'il fit donner de troupes. S'il avait employé la cavalerie de la garde, et tout le corps d'Erlon, que, dès la veille il aurait dû tenir en position d'agir, cette portion de l'armée anglaise aurait été complétement détruite et rejetée au-delà de la Dyle. Par le mal que le maréchal Ney a causé à l'ennemi avec vingt-deux mille hommes, on peut juger de celui qu'il aurait fait avec quarante-cinq mille.

Pendant la nuit, l'artillerie et la cavalerie anglaise, ainsi que les autres divisions, ar-

---

(1) *Voyez* Appendix.

rivèrent successivement; mais le matin du 17, le duc de Wellington, instruit de la perte de la bataille de Ligni et de la retraite de Blucher, dut abandonner les Quatre-Bras et repasser la Dyle, laissant dans cette position sa cavalerie, avec trois ou quatre batteries à cheval, pour protéger son mouvement, et retarder le plus long-temps possible la marche de l'armée française.

Le maréchal Ney commit la faute de laisser, le 15, le premier corps trop long-temps à Marchiennes, et de ne pas prendre un camp en avant des Quatre-Bras. Il allégua, pour sa justification, que, voyant Fleurus occupé en forces par l'ennemi, et qu'ayant eu l'avis que toute l'armée prussienne y était, il craignit, en se portant sur les Quatre-Bras, de se trouver débordé par sa droite. Par une raison semblable, le lendemain, 16, il n'exécuta pas l'ordre de se diriger à la pointe du jour aux Quatre-Bras, position qui n'était alors occupée que par des troupes légères, qui ensuite le fut par une division hollandaise, depuis midi jusqu'à l'arrivée des divisions anglaises à quatre heures : de sorte que l'occupation de cette position si importante, opération qui n'offrait aucun obstacle depuis le jour jusqu'à midi, qui était facile de midi à quatre heures, devint impossible de quatre heures à la nuit. Si le maréchal Ney l'eût occupée dès dix heures du matin, la grande route de Nivelles se trouvant coupée, toutes les troupes anglaises cantonnées aux environs de Nivelles auraient été obligées de se rejoindre sur Gennapes; il eût été impossible au duc de Wellington d'attaquer sans artillerie, sans cavalerie, et avec des troupes harassées et arrivant successivement, une armée en position. Il n'aurait donc songé, le 16, qu'à rassembler son armée sur une position derrière Gennapes, pour être dans le cas d'agir le 17; et alors le maréchal Ney, en détachant le premier corps par la route des Quatre-Bras, sur Marbois et Sombref, éloigné de deux lieues seulement, aurait entraîné la ruine totale de l'armée prussienne.

Les mouvemens du premier corps sont difficiles à expliquer; il était à tort resté, la nuit du 15 au 16, échelonné entre Marchiennes et Julmpt, et il s'était ensuite dirigé, de la route de Charleroi à Bruxelles, sur Fleurus. Le maréchal Ney avait-il mal compris l'ordre de faire, une fois maître des Quatre-Bras, une diversion sur les derrières de l'armée prussienne? ou bien, le comte d'Erlon, arrivé entre Gosselies et Frasnes, entendant une forte canonnade sur la droite, et n'entendant rien dans la direction des Quatre-Bras, a-t-il alors jugé devoir se diriger sur la canonnade qu'il eût laissée derrière lui en continuant à suivre la grande route? Ce fut encore un faux mouvement de ce corps, le 16 au soir, lorsque, instruit que le village de Saint-Amand était enlevé, il fit une seconde marche de flanc pour retourner près du maréchal Ney, qu'il ne joignit qu'à neuf heures du soir. Ainsi, ce corps d'armée entier ne fut utile nulle part.

Dans ces combats les soldats français se battirent avec la même bravoure et la même confiance dans la victoire, qu'ils avaient montrées dans les plus belles journées; mais plusieurs généraux, le maréchal Ney lui-même, n'étaient plus les mêmes hommes. Ils n'avaient plus cette énergie ni cette brillante audace, qu'ils avaient si souvent déployées autrefois, et qui avaient eu tant de part aux grands succès. Ils étaient devenus craintifs et circonspects dans toutes leurs opérations; leur bravoure personnelle seule leur était restée. C'était à qui se compromettrait le moins. Ainsi, le 15, le général Vandamme arriva à Charleroi quatre heures plus tard qu'il ne devait; ainsi, il s'arrêta avec le maréchal Grouchy à Gilly, et perdit encore du temps, au lieu d'attaquer vivement et de se porter sur Fleurus. Mais les deux divisions déjà entamées du corps de Ziéthen paraissaient être toute l'armée de Blucher; ce ne fut, comme on a vu plus haut, que lorsque Napoléon, arrivé sur ce point, eut reconnu qu'il n'y avait que peu d'ennemis, qu'ils attaquèrent. L'empereur n'avait pas pu quitter le point de réunion des deux routes de Namur et de Bruxelles, avant que le deuxième corps ne fût arrivé par Marchiennes sur la route de Bruxelles, et ne fût maître de Gosselies, afin d'assurer la position de Charleroi; cela fit perdre deux heures. Ces fautes permirent aux ennemis d'occuper la nuit Fleurus : ce qui fut cause que le maréchal Ney n'osa pas se porter sur les Quatre-Bras, mouvement que dans d'autres temps il n'aurait pas hésité à faire, en laissant une forte réserve sur ses derrières. Lorsque le 16, sur le midi, l'armée eut pris position en avant de Fleurus, et qu'on découvrit l'armée prussienne, l'opinion de presque tous les généraux fut que les armées de Wellington et de Blucher étaient réunies: ils voulaient le prouver par la position que Blucher avait prise, en plaçant sa droite dans la direction de Marchiennes, et en laissant fort en arrière les Quatre Bras; ce qui rendait la position de l'armée prussienne tout-à-fait basardée, à moins, disaient-ils, que derrière cette ligne toute l'armée anglaise ne fût en échelons. Napoléon mit fin à la discussion, en donnant l'ordre de marcher en avant, disant qu'il n'y avait d'ennemis que ce que l'on en voyait, et que la position qu'avait prise Blucher était une faute résultant du caractère de ce maréchal, et de l'espérance qu'il avait d'être joint, pendant la nuit, par ses réserves et par l'armée anglaise.

Personne ne peut douter qu'il n'y eût dans l'armée française quelques officiers et quelques hommes éparpillés dans différens régimens, qui se plaisaient à exagérer les forces de l'ennemi, à publier à chaque instant qu'on était tourné, etc., etc. On a déjà vu que, le 14, le général Bourmont, avec un colonel du génie, avaient passé à l'ennemi; et pendant la bataille du 16, plusieurs officiers désertèrent. Dans le fort de l'action, Napoléon reçut cinq ou six rapports alarmans; l'un était celui d'un général qui annonçait que Vandamme, avec tout son état major, venait de passer à l'ennemi; un autre, qu'il fallait se méfier du maréchal Soult, qu'il avait envoyé de faux ordres de mouvemens. Un maréchal de logis de dragons vint d'un air tout éperdu, demandant à grands cris à parler à l'empereur, et lui dit : « Sire, je viens prévenir votre majesté que le général Hénain harangue en ce moment les officiers de sa division, pour les faire passer à l'ennemi. » « Comment sais-tu cela? » lui dit Napoléon, « où est-il? l'as-tu entendu »? Et il se trouva qu'il n'avait ni vu ni entendu le général Hénain, mais qu'un officier lui avait dit d'aller faire ce rapport. Tout cela était faux : Vandamme aurait pu peut-être agir avec plus de vigueur ; mais il était loin d'avoir la pensée de trahir. Hénain, au moment où il était ainsi accusé, avait la cuisse emportée par un boulet.

Telle était la situation des esprits, que les soldats n'avaient réellement confiance que dans Napoléon : ils étaient disposés à se croire trahis à chaque instant. Plusieurs bons officiers, qui avaient servi dans la maison du Roi, avaient été replacés dans des régimens : peut-être fut-ce un tort. On n'eut aucun reproche à leur faire, mais le soldat nourrissait toujours des soupçons contre eux.

CHAPITRE VI.

Bataille de Waterloo.

L'EMPEREUR ne rentra à Fleurus, où était son quartier général, qu'à onze heures du soir. Il reçut le rapport de ce qui s'était passé à la gauche dans l'attaque des Quatre-Bras ; il expédia sur-le-champ l'ordre au maréchal Ney d'avoir ses troupes sous les armes à la pointe du jour, et de poursuivre vivement l'armée anglaise, aussitôt qu'elle commencerait sa retraite, que nécessitait la perte de la bataille de Ligni par les Prussiens. L'empereur faisait connaître à ce maréchal qu'il déboucherait sur la position des Quatre-Bras, par la chaussée de Namur, et que si le duc de Wellington avait continué à occuper cette position, son armée se trouverait ainsi attaquée de front, et débordée sur son flanc gauche.

Le 17, à la pointe du jour, le général Pajol, avec sa cavalerie légère et une division d'infanterie du sixième corps, se mit à la poursuite des Prussiens : il ramassa un grand nombre de prisonniers, de caissons et de bagages. L'empereur envoya des reconnaissances sur les Quatre-Bras, pour communiquer avec la gauche. En même temps il passa la revue des troupes qui avaient combattu. Le corps de Vandamme avait peu souffert : celui de Gérard avait éprouvé plus de pertes, ayant été plus fortement engagé. La garde impériale n'avait eu que quelques hommes tués ou blessés. Le sixième corps n'avait perdu personne (1). L'empereur visita ensuite le champ de bataille, fit relever les blessés des Français et des Prussiens : ceux-ci avaient éprouvé

---

(1) *Pertes essuyées à la bataille de Ligni.*

3e. corps. Trois divisions,	1,800.
Division Girard,	2,000.
4e. corps. Trois divisions,	2,000.
Corps de cavalerie Pajol,	250.
Id. d'Excelmans,	250.
Cuirassiers, Milhaut,	100.
Cavalerie des 3e. et 4e. corps,	300.
Garde de toutes armes;	100.
Total,	6,800 hommes.

une perte énorme; il y avait cinq fois plus de Prussiens tués que de Français. D'après les rapports de leurs généraux mêmes, leur perte a été de vingt-cinq mille hommes; ce qui s'explique facilement, en remarquant que les masses prussiennes occupèrent toute la journée la plaine élevée qui est entre Ligni, St.-Amand et le moulin de Bry, où elles étaient absolument à découvert, exposées au feu de toute notre artillerie; et les masses en réserve se trouvant dans le prolongement des attaques, aucun boulet français n'était perdu, tandis qu'au contraire, les réserves des Français furent tenues constamment hors de la portée du canon ennemi. Les réserves même des attaques purent se placer dans des plis de terrain, où elles étaient à l'abri de l'artillerie ennemie.

Sur les dix heures, l'officier commandant la reconnaissance envoyée aux Quatre-Bras, fit connaître qu'au lieu de rencontrer les troupes du maréchal Ney, il avait trouvé les Anglais en cette position, et qu'ils l'avaient même poursuivi. Il n'y avait pas de temps à perdre : l'empereur mit sur-le-champ en mouvement, pour se porter sur ce point par la chaussée et par Marbois, le comte de Lobau, avec deux divisions de son corps, et sa cavalerie augmentée d'une division de cavalerie de Pajol. Il suivit lui-même ce mouvement avec toute sa garde et le corps de cuirassiers du général Milhaut, laissant, tant en réserve que pour garder Fleurus et relever les blessés, la division du général Girard (du deuxième corps) qui avait beaucoup perdu la veille. Il donna l'ordre au maréchal Grouchy, avec les troisième et quatrième corps d'armée, la division d'infanterie du sixième, qui se trouvait avec la cavalerie Pajol, et le corps de cavalerie légère du général Excelmans, de poursuivre vivement les Prussiens, de culbuter leur arrière-garde, et de les presser au point de ne les pas perdre de vue. Les instructions données à ce maréchal lui prescrivaient surtout de déborder l'aile droite des Prussiens, de manière à être toujours en communication avec le reste de l'armée.

L'armée française se dirigeait ainsi sur Bruxelles en deux colonnes. L'une, de gauche, où était l'empereur, devait joindre la route de Charleroi à Bruxelles aux Quatre-Bras, et, réunie aux corps du maréchal Ney, être forte de soixante-six mille hommes, et deux cent cinquante bouches à feu, ayant devant elle toute l'armée anglo-hollandaise. L'autre, de droite, forte de trente-six mille hommes, et cent dix bouches à feu, commandée par le maréchal Grouchy, devait passer la Dyle à Wavres, ayant devant elle toute l'armée prussienne en retraite (1)

Vers les 11 heures, les coureurs du sixième corps ayant rencontré la cavalerie anglaise, ce corps prit position au-delà de Marbois. L'empereur y accourut sur-le-champ. Une vivandière anglaise, surprise par nos hussards, donna des détails sur l'armée du duc de Wellington, qu'elle disait avoir repassé la Dyle : elle annonça que la position des Quatre-Bras était encore occupée par un gros corps de cavalerie anglaise, avec du

---

(1)

Colonne de gauche sous l'empereur.		*Colonne de droite sous Grouchy.*	
hommes.	bouches à feu.	hommes.	bouches à feu.
66,000.	240.	36,000.	110.
marchant sur Waterloo.		Marchant sur Wavres.	

canon. Cette femme n'avait aucune connaissance du corps du maréchal Ney ; elle croyait qu'il avait repassé la Sambre. Bientôt nos tirailleurs s'engagèrent avec ceux des Anglais : sur notre flanc gauche on tiraillait également, ce qui paraissait singulier. Mais on ne tarda pas à reconnaître que nos hussards s'étaient engagés par erreur avec ceux du maréchal Ney. On marcha en avant : le corps de cavalerie anglaise, apercevant de la hauteur des Quatre-Bras, toute la route de Namur couverte de troupes, se mit aussitôt en retraite. L'empereur arriva au galop aux Quatre-Bras : la pluie tombait par torrens ; il se hâta de faire mettre en batterie douze pièces d'artillerie à cheval pour canonner l'arrière-garde ennemie.

L'étonnement de l'empereur fut grand en voyant que le corps du maréchal Ney était encore dans ses bivouacs en avant de Frasnes. Impatienté de ce retard, il prit le parti d'envoyer directement aux troupes l'ordre de se mettre en marche et de le venir joindre. Il fallut les attendre près d'une heure. Enfin le corps du comte d'Erlon défila aux

Quatre-Bras. Le sixième corps, qui venait par la chaussée de Namur, fit halte, et le premier prit l'avant-garde, soutenu par l'artillerie à cheval de la garde et la cavalerie du sixième corps. Le maréchal Ney parut ; l'empereur lui témoigna sa surprise de la non-exécution de ses ordres ; il balbutia quelques excuses, disant qu'il avait cru que toute l'armée anglo-hollandaise était encore aux Quatre-Bras, appuyée à sa gauche par toute l'armée prussienne, que de faux rapports lui avaient annoncé victorieuse à Ligni. Le second corps suivit le premier ; après marcha le sixième, et ensuite la garde. Le corps de cuirassiers du général Milhaut flanqua la route. L'empereur se mit à la tête de toutes les troupes. Son projet avait été le matin de coucher à Bruxelles, ou dans la forêt de Soignes ; et, dans le cas où l'armée anglo-hollandaise serait en position derrière la Dyle, de l'attaquer le jour même. L'inconcevable retard du maréchal Ney avait déjà fait perdre plusieurs heures ; cependant l'empereur ne désespérait pas encore d'atteindre l'armée ennemie : il marcha avec la brigade d'avant-garde, et l'ennemi fut poussé l'épée dans les reins. Vingt-quatre pièces d'artillerie à cheval mitraillèrent constamment les masses de la cavalerie ennemie, en les suivant de position en position. Elles leur firent éprouver beaucoup de pertes. L'avant-garde arriva à six heures et demie du soir au village de Planchenoit, vis-à-vis le débouché de la forêt de Soignes; elle fut bientôt accueillie par le feu de quinze à vingt bouches à feu; et, par la manière dont elles étaient placées, on conjectura qu'une forte arrière-garde était là pour protéger le passage de la forêt. Si cette arrière-garde était de plus de quinze mille hommes, il était impossible de la débusquer le soir même, attendu qu'au moment où nos préparatifs d'attaque seraient faits, la nuit serait arrivée. Le temps était très-pluvieux; on ne pouvait distinguer la ligne ennemie. On chercha à lui en imposer en faisant déployer les cuirassiers Milhaut avec l'artillerie à cheval. L'ennemi se démasqua alors, et il n'y eut plus de doute que toute l'armée anglaise ne fût là en position. L'empereur donna ordre aux divers corps d'établir leurs bivouacs, et plaça son quartier général à la ferme du Caillou.

L'armée française, de soixante-sept mille hommes (*), était placée en avant de Planchenoit, à cheval sur la grande route de Bruxelles, à quatre lieues et demie de cette ville,

---

*ARMÉE DE L'EMPEREUR DEVANT PLANCHENOIT, LE 17 AU SOIR, DIMINUÉE DES PERTES ÉPROUVÉES ANTÉRIEUREMENT.

				Artillerie.	
		Infanterie.	Cavalerie.	Homm.	Can.
1er. Corps, Erlon.	4 Divisions, infanterie.	16,220	»	»	»
	1 Division, cavalerie.	»	1,400	»	»
	Artillerie.	»	»	900	4[illegible]
2e. Corps, Reille.	3 Divisions d'infanter.	12,640	»	»	»
	1 Division de cavalerie.	»	1,300	»	»
	Artillerie.	»	»	710	3[illegible]
3e. Corps,	1 Division (Domont) attachée au 6e. corps.	»	1,370	»	»
6e. Corps, Lobau.	2 Divisions d'infanter.	7,000	»	»	»
	Artillerie.	»	»	610	3[illegible]
Garde impériale.	Jeune garde (Duhesme)	3,800	»	»	»
	Moyenne garde.	4,200	»	»	»
	Vieille garde.	4,400	»	»	»
	Cavalerie légère.	»	2,100	»	»
	Cavalerie (grenadiers et dragons).	»	2,000	»	»
	Artillerie.	»	»	1,920	9[illegible]
Cuirassiers, Kellerman.	2 Divisions.	»	2,330	»	»
	Artillerie.	»	»	220	1[illegible]
Cuirassiers, Milhaut.	2 Divisions.	»	2,530	»	»
	Artillerie.	»	»	210	1[illegible]
Corps de Pajol.	1 Division (Subervick)	»	1,130	»	»
	Artillerie.	»	»	110	[illegible]
TOTAUX.		48,260	14,160	4,6[illegible]0	24[illegible]

67,100 hommes, et 240 bouches à feu.

ayant vis-à-vis d'elle l'armée anglo-hollandaise, dont le quartier-général était à Waterloo. Le maréchal Grouchy, avec un corps de trente-cinq à quarante mille hommes, était sur la droite; il avait marché la journée du 17 dans la direction de Wavres,

ARMÉE DU MARÉCHAL GROUCHY EN MARCHE SUR WAVRES, LE 17, ET DIMINUÉE DES PERTES FAITES ANTÉRIEUREMENT.

		Infanterie.	Cavalerie.	Artillerie. Homm.	Artillerie. Can
2e. Corps.	1 Division (Girard) . .	3,060	»	»	»
	Artillerie.	»	»	100	8
3e. Corps, Vandamme.	3 Divisions d'infanter.	11,330	»	»	»
	Artillerie.	»	»	660	38
4e. Corps, Gérard.	3 Divisions, infanterie.	10,130	»	»	»
	1 Division de cavalerie.	»	1,330	»	»
	Artillerie.	»	»	610	38
6e. Corps.	1 Division (Teste). .	4,000	»	»	»
	Artillerie.	»	»	160	8
Corps de Pajol.	1 Division (Soult). . .	»	1,150	»	»
	Artillerie.	»	»	100	6
Corps d'Excelmans.	2 Divisions de cavaler.	»	2,390	»	»
	Artillerie.	»	»	200	12
	TOTAUX.	28,520	4,870	1,830	110

35,220 hommes, et 110 bouches à feu.

RÉCAPITULATION GÉNÉRALE.

Armée avec l'empereur. . .	67,100 hommes,	et 240	bouches à feu.
Armée avec le mar. Grouchy	35,220	*id.* 110	*id.*
Pertes le 16 — à Ligni	6,800	*id.* »	»
Pertes le 16 — Aux Quatre-Bras...	4,140	*id.* »	»
	113,260	et 350	bouches à feu,

force de l'armée française lorsqu'elle passa la Sambre, le 15.

et on le supposait campé vis-à-vis cette ville, ayant devant lui l'armée prussienne en retraite.

A dix heures du soir, l'empereur expédia un officier au maréchal Grouchy, pour lui faire connaître qu'il y aurait le lendemain une grande bataille; que l'armée anglo-hollandaise était en position en avant de la forêt de Soignes, sa gauche appuyée au village de la Haie; que le maréchal Blücher aurait pris un des trois partis suivans: 1°. qu'il aurait fait sa retraite sur Liége; 2°. qu'il se serait retiré sur Bruxelles; 3°. qu'il resterait en position à Wavres; que, dans tous les cas, il fallait que le maréchal Grouchy manœuvrât par Saint-Lambert, pour déborder la gauche de l'armée anglaise, et venir se joindre avec la droite de l'armée française; mais que ce mouvement, que, dans les deux premiers cas, ce maréchal devait faire avec la majorité de ses forces réunies, ne devait être fait dans le troisième cas qu'avec un détachement plus ou moins fort, selon la nature de la position qu'il occupait vis-à-vis l'armée prussienne. A deux heures après minuit, une dépêche du maréchal Grouchy fit connaître qu'il avait placé son quartier général à Gembloux, ignorant la direction qu'avait prise Blucher, et si les Prussiens s'étaient portés sur Bruxelles ou sur Liége ; qu'en conséquence il avait placé deux avant-gardes, l'une entre Gembloux et Wavres, et l'autre à une lieue de Gembloux, dans la direction de Liége. Ainsi Blucher lui avait échappé, et Grouchy n'avait fait que deux lieues dans la journée du 17. L'empereur lui envoya sur-le-champ un duplicata de l'ordre déjà expédié la veille, à dix heures du soir, lui faisant connaître qu'il devait prendre les armes avant le jour, et passer la Dyle au-dessus de Wavres, pour se porter sur Saint-Lambert. L'officier porteur de cette dépêche partit avant trois heures du matin ; il devait être avant six heures à Gembloux ; il n'avait que cinq lieues à faire, et toujours sur la chaussée. Sur les cinq heures du matin, on reçut au quartier-général une deuxième dépêche du maréchal ; il mandait qu'étant enfin instruit que l'ennemi s'était dirigé sur Wavres, il partirait à la petite pointe du jour pour le talonner dans cette direction ; cette lettre était datée de deux heures après minuit. La route de Temploux à Wavres, et de Gembloux à Saint-Lambert, étant la même pendant deux lieues, on eût donc l'espoir que l'officier rencontrerait le maréchal Grouchy, déjà en route, et qu'ainsi, au lieu d'arriver à midi à Saint-Lambert, il pourrait y arriver à dix heures du matin; et, dans le cas où, vu le départ du maréchal, l'officier ne le trouverait pas, on était toujours assuré que ce maréchal serait à midi devant Wavres, et qu'il aurait reçu le premier ordre écrit à dix heures du soir la veille, qui le prévenait de la bataille.

Le 18, au matin, le temps était très-couvert; il avait plu toute la nuit, et à la pointe du jour il pleuvait encore. Les rapports de la nuit, et l'observation des feux, avaient entièrement confirmé la présence de toute l'armée anglo-hollandaise. Sa force était de quatre-vingt-cinq à quatre-vingt-dix mille combattans, et de deux cent cinquante bouches à feu (1). L'armée française,

(1) *Waterloo.*

	hommes.	bouches à feu.
Armée anglo-hollandaise,	85,000.	250.
Armée française,	67,000.	240.

n'ayant que soixante-sept ou soixante-huit mille hommes, était bien inférieure, mais elle était supérieure en nature de troupes. Des soldats belges et allemands ne valaient pas les soldats français; parmi ceux-ci étaient la garde impériale et les quatre divisions de cuirassiers. L'artillerie française, à cause des batteries de réserve de la garde, était aussi nombreuse que l'artillerie ennemie: elle avait deux cent quarante bouches à feu. La victoire ne paraissait pas douteuse, et avec cette victoire on pouvait espérer la destruction de l'armée anglaise, par la position qu'elle avait prise. A la pointe du jour, l'empereur, en déjeûnant, dit: « Sur cent chances, nous en avons quatre-vingts pour nous. » En ce moment arrivait le maréchal Ney, qui venait de visiter la ligne, et qui dit: *Sans doute, sire, si Wellington était assez simple pour rester là; mais je viens vous annoncer que la retraite est prononcée, et que si vous ne vous hâtez de les attaquer, ils vont nous échapper.* » L'empereur n'attacha pas une grande importance à ce rapport; il lui paraissait évident que, puisque le duc de Wellington n'avait pas battu en retraite avant le jour, c'est qu'il était décidé à courir les hasards d'une bataille. Sur les huit heures le temps s'éclaircit. L'empereur reconnut toute la ligne ennemie ; il jugea que l'on pourrait manœuvrer dans les terres. Il expédia aux divers commandans des corps d'armée ses ordres pour la bataille : tout se mit en mouvement.

L'armée anglaise avait derrière elle la forêt de Soignes, et une seule chaussée pour ses communications avec Bruxelles ; ce qui rendrait sa retraite très-difficile. Elle occupait un beau plateau. Sa droite appuyée à un ravin au-delà de la route de Nivelles, se prolongeait sur Braine-la-Leude ; sa gauche couronnait les hauteurs de la Haie ; et son centre, occupant à gauche la ferme de la Haie-Sainte, et à droite celle d'Hougoumont, se trouvait en avant du village de Mont-Saint-Jean, où se réunissent les deux chaussées de Nivelles et de Charleroi, que cette ligne coupait. On reconnut que l'ennemi n'avait élevé aucune redoute ou d'autres ouvrages, et qu'il n'y avait point ou que peu d'obstacles naturels devant son front. Le plateau était légèrement concave à son centre, et le terrain finissait en pente douce dans un ravin peu profond qui séparait les deux armées.

L'armée française fut placée dans l'ordre suivant : le général Reille, avec le deuxième corps, sa droite à la chaussée de Charleroi à Bruxelles, sa gauche à celle de Nivelles, ayant vis-à-vis d'elle le bois d'Hougoumont, et sa cavalerie légère au-delà de la chaussée. Le général d'Erlon, sa gauche à la chaussée de Charleroi, et sa droite à la hauteur de la gauche des Anglais, vis-à-vis le village de la Haie ; sa cavalerie légère sur la droite, jetant des partis sur la Dyle. Le corps de cuirassiers du général Kellerman en seconde ligne derrière le deuxième corps ; celui du général Milhaut, derrière le premier corps. Le sixième corps (comte de Lobau) se forma en colonnes serrées sur la droite de la chaussée de Charleroi : il se trouvait ainsi en réserve derrière la gauche du premier corps, et en potence derrière le centre de la première ligne. La garde impériale, en troisième ligne, formait une réserve générale, ayant l'infanterie au centre, la division de cavalerie du général Lefebvre-Desnouettes à la droite, la division des grenadiers à cheval et dragons à la gauche.

Ces dispositions indiquaient le projet de l'empereur, qui était de percer le centre de l'armée anglaise, de le pousser sur la chaussée, et, arrivant sur le débouché de la forêt, de couper la retraite à la droite et à la gauche de la ligne. Le succès complet de cette attaque devait rendre toute retraite impossible, entraîner la destruction de l'armée anglaise, et, dans tous les cas, la séparer de l'amée prussienne.

Vers onze heures, le général Reille engagea la canonnade pour chasser l'ennemi du bois de Hougoumont. L'engagement devint bientôt très-vif sur ce point. Le prince Jérôme, avec sa division, s'empara de ce bois; il en fut chassé : une nouvelle attaque l'en rendit maître; mais l'ennemi s'était maintenu dans le château qui était au milieu. Ce château avait été crenelé; ce qui rendait ce poste de campagne assez fort, et le mettait à l'abri d'un coup de main. L'empereur envoya l'ordre au général Reille de former une batterie d'obusiers, et de mettre le feu au château. On voyait avec plaisir que les meilleures troupes anglaises étaient sur ce point, entre autres la division des gardes (général Cooke). Dans ce moment on aperçut fort au loin, du côté de Saint-Lambert, un corps de cinq à six mille hommes de toutes armes. On crut d'abord que c'était le maréchal Grouchy; mais, un quart d'heure après, des hussards amenèrent un ordonnance prussien, porteur d'une dépêche, qui apprit que les troupes que l'on apercevait étaient l'avant-garde du corps de Bulow. Le major général (Soult) expédia au maréchal Grouchy un officier pour l'instruire de cet événement; il lui envoya même la dépêche interceptée. L'officier d'état-major, qui sentait l'importance de sa mission, pouvait joindre le maréchal en moins de deux heures de temps. On se promettait un grand succès de l'arrivée du maréchal sur les derrières du corps de Bulow. Cependant, comme ce corps ne paraissait plus éloigné que de deux petites lieues du champ de bataille, il devint nécessaire de lui opposer des forces. Le maréchal Grouchy pouvait tarder plus ou moins à passer la Dyle, ou pouvait même en être empêché par des événemens inattendus. Le lieutenant général Domont fut envoyé avec sa cavalerie légère et la division (Subervick) du corps de cavalerie de Pajol, ce qui devait faire près de trois mille chevaux, à la rencontre de l'avant-garde de Bulow; il avait l'ordre d'occuper tous les débouchés, d'empêcher les hussards ennemis de se jeter sur nos flancs, et d'envoyer des coureurs à la rencontre du maréchal Grouchy. Le comte de Lobau, avec les deux divisions de son corps (sept mille hommes), alla reconnaître son champ de bataille derrière la cavalerie du général Domont, afin que, si le mouvement du général Bulow n'était pas arrêté par le maréchal Grouchy, il pût se porter à la rencontre des Prussiens pour garantir nos flancs. Par-là, la destination de ce corps se trouva changée.

L'empereur ayant ainsi pris toutes les précautions pour parer au corps de Bulow, envoya l'ordre au maréchal Ney de commencer l'attaque projetée avec le premier corps, renforcé par des batteries de réserve, et de s'emparer de la Haie-Sainte, située sur la chaussée de Charleroi, où était appuyé le centre de l'ennemi. Celui-ci, attaqué sur son centre, devait se décider à des contre-mouvemens sur ses ailes; ce qui ferait connaître parfaitement la situation de la bataille, déployer toutes les forces de l'ennemi, et mettrait au jour tous ses projets. Une bataille, comme une action dramatique, a un commencement, un milieu et un dénoûment. Le commencement donne lieu à des contre-mouvemens de l'ennemi, fait naître des incidens qu'il faut surmonter, et qui influent sur le dernier mouvement qui décide la bataille.

Les troupes étaient pleines d'enthousiasme; l'empereur parcourut toute la ligne; les acclamations de joie étaient telles qu'elles gênaient les manoeuvres et empêchaient les commandemens d'être entendus. Il se plaça sur une éminence près la ferme de la Belle-Alliance, d'où il apercevait tout, les ailes ennemies aussi-bien que celles françaises. De là, il était en état de bien juger tous les mouvemens que l'ennemi ferait, aussitôt qu'il se verrait menacé sur son centre; et sa majesté avait sous sa main toutes les réserves pour pouvoir en disposer rapidement, se mettre à leur tête, et remédier aux manœuvres inattendues de l'ennemi. Il était midi; quatre-vingts pièces de canon commencèrent leur feu. Au bout d'une demi-heure, les batteries ennemies opposées s'éloignèrent, et, des différens points de la ligne, on vit de nouvelles batteries venir pour les renforcer. Tous les tirailleurs ennemis évacuèrent le bas du rideau; l'ennemi plaça ses masses en arrière des crêtes des hauteurs pour s'en abriter, et diminuer les pertes que lui causait notre artillerie. Notre infanterie se porta en avant. On remarqua alors beaucoup de mouvement sur la route de Bruxelles; toutes les voitures et bagages de la droite et de la gauche, éloignées de cette route, voyant le feu s'en approcher, s'y précipitèrent en tumulte pour gagner Bruxelles. Cependant la ligne ennemie ne fit aucune grande manœuvre; elle resta dans son immobilité. Plusieurs charges de sa cavalerie furent faites avec succès sur le flanc d'une des colonnes du premier corps, et une quinzaine de nos pièces qui se portaient en avant, furent culbutées dans un chemin creux: une brigade de cuirassiers de Milhaut s'avança contre cette cavalerie, et bientôt elle en couvrit de morts le champ de bataille. Aussitôt que l'empereur s'aperçut que l'ennemi ne faisait pas de grand mouvement de sa droite, et qu'il y avait du désordre à la nôtre, il s'y porta au galop. Les cuirassiers Milhaut, et derrière eux en seconde ligne la cavalerie de la garde, offraient un coup-d'œil imposant. L'empereur eut bientôt rétabli l'ordre : la canonnade continua avec fureur, et une nouvelle attaque sur la Haie-Sainte, nous rendit maîtres de ce point important.

L'ennemi attachait une grande importance au poste d'Hougoumont, sur sa droite: il envoya de nouvelles forces pour soutenir la brigade des gardes. De son côté, le général Reille fit soutenir l'attaque de la division Jérôme, par la division Foi. Les obusiers avaient mis le feu au château, et l'avaient détruit presque en entier. Les trois quarts des bois et des vergers étaient en notre pouvoir. Ce champ de bataille était couvert des gardes anglaises, l'élite de l'armée ennemie. Il était quatre heures et demie : le feu le plus vif régnait de tous côtés. En cet instant le général Domont fit prévenir sa majesté que le corps de Bulow, qu'il observait, se mettait en mouvement, et qu'une division de huit à dix mille Prussiens débouchait des bois de Frischenois; qu'on n'avait aucune nouvelle du maréchal Grouchy; que les reconnaissances qu'il avait envoyées dans les directions par où il devait venir n'avaient pas rencontré un seul de ses coureurs. Le corps du comte de Lobau (1) se porta en trois colonnes dans les positions qu'il avait reconnues. Par ce mouvement, ce corps se trouvait avoir fait un changement de front, et était placé en potence sur l'extrémité de notre droite. La première brigade prussienne, abordée franchement, fut bientôt mise en déroute : elle fut aussitôt soutenue par la seconde brigade, et, une demi-heure après, tout le reste du corps de Bulow arriva, et se forma en débordant toujours la droite

(1) A quatre heures et demie, le corps de Lobau, sept mille hommes, se porte contre les Prussiens, ce qui réduit à soixante mille hommes les troupes opposées à l'armée anglo-hollandaise.

du comte de Lobau : de sorte que Bulow, quoiqu'il ne gagnât pas de terrain sur ce dernier, prolongeait toujours son feu sur nos derrières. Le sixième corps était rangé en bataille parallèlement à la chaussée, à hauteur de la Belle-Alliance, et à la distance d'une portée de fusil de celle-ci. Les boulets prussiens arrivaient sur cette chaussée, qui servait à tous les mouvemens de l'armée, et plus loin, dans le groupe de l'empereur.

Napoléon voyant que les Prussiens continuaient à déborder la droite du sixième corps, envoya sur ce point la division de jeune garde du général Duhesme, avec deux batteries. Elle prolongea notre ligne jusqu'à la hauteur des premières troupes de gauche de Bulow. En même temps une division du premier corps, qui formait notre droite et qui était en réserve, se porta vivement sur l'extrême gauche de la ligne anglo-hollandaise, s'empara du village de la Haie, et coupa ainsi la communication entre l'armée anglo-hollandaise et le quatrième corps prussien. On espérait à chaque instant, et l'on attendait avec la plus vive impatience, l'arrivée du maréchal Grouchy sur les derrières de ce corps, qui se serait alors trouvé sans retraite. Il était six heures, et l'on n'avait encore aucune nouvelle de ce maréchal. Cependant toutes ces dispositions eurent le plus grand succès. L'impétuosité de la jeune garde, qui avait fait un grand mal à l'ennemi; la prise du village de la Haie, qui tournait la droite de Bulow, arrêtèrent le mouvement de ce dernier; il cessa d'être offensif; il n'eut plus rien d'inquiétant.

Aussitôt que l'empereur avait vu que l'attaque de Bulow était en activité, et qu'il n'était pas arrêté par le maréchal Grouchy, à peu près sur les quatre heures et demie, il avait ordonné au maréchal Ney de se maintenir dans la Haie-Sainte, en la crénelant, et en y établissant plusieurs bataillons; mais de ne faire aucun mouvement jusqu'à ce qu'on vît l'issue de la manœuvre des Prussiens. Une demi-heure après, sur les cinq heures, au moment où ces derniers nous attaquaient le plus vivement, les Anglais cherchèrent à reprendre la Haie-Sainte : ils furent vigoureusement repoussés par le feu de notre infanterie, et par une charge de la cavalerie; mais le maréchal Ney emporté par trop d'ardeur, oublia l'ordre qu'il avait reçu; il déboucha sur le plateau, qui fut immédiatement couronné par les deux divisions de cuirassiers de Milhaut, et par la cavalerie légère de la garde. Tous les officiers qui entouraient l'empereur, voyant ce mouvement, le succès des charges, la retraite de plusieurs carrés anglais, et la cessation du feu d'une partie des batteries ennemies, chantèrent victoire, et se livrèrent à la joie. L'empereur n'en jugeait pas ainsi : il dit au maréchal Soult : « *Voilà un mouvement prématuré, qui pourra avoir des résultats funestes sur cette journée.* » Soult s'emporta contre Ney. — « *Il nous compromet*, dit-il, *comme à Jéna.* » l'empereur envoya l'ordre aux cuirassiers de Kellerman, de soutenir la cavalerie que nous avions sur le plateau, de peur qu'elle ne fût repoussée par la cavalerie ennemie, ce qui, dans la circonstance des affaires, eût entraîné la perte de la bataille : car on était dans ces momens si importans, où le moindre incident peut causer de grands résultats. Le mouvement de toute cette cavalerie, qui se portait en avant au galop, et aux cris de vive l'empereur, en imposa à l'ennemi, rassura la contenance de nos troupes, et les empêcha de s'alarmer du prolongement du feu des Prussiens sur nos derrières.

Vers six heures, on reconnut que les Prussiens avaient engagé toutes leurs forces. Leur marche offensive cessa; leur feu resta stationnaire. Une demi-heure après, il rétrograda, et nos troupes avancèrent. Les boulets prussiens n'arrivaient plus sur la chaussée, ni même à la première position qu'avaient occupée les troupes de Duhesme et du comte de Lobau : ces troupes s'étaient avancées. L'extrême gauche des Prussiens faisait un quart de conversion en arrière, et tendait à se remettre en ligne avec la première brigade. Notre cavalerie se soutenait sur le plateau, malgré tout le feu auquel elle était exposée : elle avait enfoncé plusieurs carrés, enlevé trois drapeaux, désorganisé un grand nombre de batteries, dont les pièces, sans avant-trains, étaient en notre pouvoir. L'épouvante et la stupeur régnaient dans toute la ligne ennemie; les fuyards gagnaient déjà Bruxelles; toute retraite en ordre devenait impossible, et l'armée entière allait être perdue. Depuis une demi-heure, la situation des Français était bien changée : l'ennemi n'était menaçant nulle part : nous étions maîtres d'une partie de son champ de bataille, en position offensive sur son centre. Nous étions victorieux non-seulement de l'armée anglo-hollandaise de quatre-vingt-cinq mille hommes, mais encore du corps de Bulow de trente mille Prussiens. Nous n'avions pas de nouvelles de Grouchy. Ainsi, soixante-cinq à soixante-huit mille Français avaient battu cent quinze mille Anglais, Belges, Prussiens, etc. A sept heures et demie, on entendit enfin la canonnade du maréchal Grouchy : on la jugea à deux lieues et demie sur notre droite. L'empereur pensa que le moment était venu de faire une attaque décisive, et de terminer la journée. Il rappela, à cet effet, divers bataillons et batteries de la garde qui avaient été détachés vers Planchenoit. En ce même moment, l'armée ennemie fut informée de l'arrivée du maréchal Blucher, et du premier corps prussien qui avait quitté Wavres le matin, et venait, par Ohain, se joindre à la gauche de l'armée anglo-hollandaise. Ce n'était pas le seul renfort; deux brigades de cavalerie anglaises, fortes de six régimens, qui avaient été placées en réserve sur cette route, rendues disponibles par l'arrivée des troupes prussiennes, venaient de rentrer en ligne. Ces nouvelles remontèrent le moral de l'armée anglo-hollandaise : elle reprit courage, et réassit sa position.

Dans ces circonstances critiques, trois bataillons d'infanterie de la deuxième ligne de notre droite se mirent en retraite en bon ordre jusqu'auprès de la garde impériale, que l'empereur réunissait. Ce mouvement, dont on ne sait comment expliquer les motifs, dégarnissait notre ligne : l'empereur courut au-devant d'eux pour en savoir la cause : les soldats dirent qu'ils n'avaient pas été forcés, mais que cette marche rétrograde avait été ordonnée. L'empereur les harangua, et ils retournèrent à leur poste.

La cavalerie qui, du plateau où elle était, apercevait tout le champ de bataille, en avant, sur sa droite, et sur ses derrières, vit ce mouvement rétrograde des trois bataillons; en même temps elle aperçut le premier corps de Blucher qui arrivait à la hauteur du village de la Haie, et les deux brigades de cavalerie fraîches, qui se disposaient à charger : elle craignit d'être coupée, plusieurs régimens firent un mouvement en arrière.

L'empereur formait alors sa garde en colonnes, pour faire l'attaque méditée; mais apercevant l'hésitation où était la cavalerie, il jugea que les circonstances le maîtrisaient, et que sans attendre que toutes les colonnes fussent formées, il fallait à l'instant même soutenir la cavalerie, et faire un mouvement qui calmât les imaginations, et arrêtât l'indécision où les troupes étaient de battre en retraite. Il se porta avec les quatre premiers bataillons sur la gauche de la Haie-Sainte, et envoya au général Reille l'ordre de réunir tout son corps sur son extrême gauche, et de le former en colonne d'attaque. Arrivé à la Haie-Sainte, l'empereur rencontre une partie des troupes de Ney qui se retiraient : il envoya son aide de camp Labédoyère leur dire, pour relever leur moral, que le corps du maréchal Grouchy arrivait. En même temps il remit au maréchal Ney les quatre bataillons de la garde qu'il conduisait, et lui donna l'ordre de se porter en avant, afin de conserver la position du plateau. Cela produisit l'effet que l'empereur désirait : tout s'arrêta et retourna à la position. Un quart d'heure après, les huit autres bataillons arrivèrent au bord du ravin; l'empereur les fit se former ainsi : un bataillon en bataille, en ayant deux en colonnes serrées sur ses flancs, formation qui réunissait les avantages de l'ordre mince et de l'ordre profond. Deux de ces brigades, ainsi formées, et marchant à distance de bataillon, faisaient une première ligne, derrière laquelle était en réserve la troisième brigade. Les batteries étaient placées dans les intervalles. De son côté, le général Reille réunit tout son corps vers Hougoumont, traversa le ravin, et aborda la position ennemie.

Cependant les quatre bataillons de la moyenne garde étaient aux prises; ils repoussaient tout ce qui se trouvait devant eux, et restaient inébranlables sous le feu d'une ligne ennemie bien considérable. Le général Friant, commandant l'infanterie de la garde, blessé à la main, vint dire à l'empereur que tout allait bien sur le plateau, et qu'à l'arrivée de la vieille garde, on aurait tout le champ de bataille. Il était de sept heures et demie à huit heures, un cri d'alarme se fit entendre à la droite. Blucher, avec tout le corps de Ziéthen, aborda le village de la Haie, qui fut aussitôt enlevé. Un mouvement général s'ensuivit dans toute notre droite. Par là, nous nous trouvions coupés du corps du comte de Lobau. Les traîtres et les malveillans qui se trouvaient dans l'armée, et ceux qui avaient déserté, profitèrent habilement de cette occasion pour augmenter le désordre, qui se propagea aussitôt avec la plus grande rapidité sur toute la ligne. Les huit bataillons de la garde, parmi lesquels étaient ceux de la vieille garde, au lieu de se porter en avant pour soutenir les quatre bataillons engagés, durent faire un mouvement sur la droite, pour servir de réserve et rallier les troupes qui venaient d'être chassées de la Haie; ils barrèrent tout ce champ de bataille, en se formant en carrés par bataillon. Toute l'extrémité de notre droite pouvait encore se rallier derrière eux. Le soleil était couché : rien n'était désespéré; lors que les deux brigades de cavalerie ennemie, qui n'avaient pas encore donné, pénétrèrent entre la Haie-Sainte et le corps du général Reille. Elles auraient pu être arrêtées par les huit carrés de la garde; mais, voyant le grand désordre qui régnait à la droite, elles les tournèrent. Ces trois mille chevaux frais empêchèrent tout ralliement; l'empereur ordonna à ses quatre escadrons de service de les charger. Ces escadrons étaient trop peu nombreux : il aurait fallu là toute la division de cavalerie de réserve de la garde; mais, par un malheur qui tenait à la fatalité de ce jour, cette division de deux mille grenadiers à cheval et dragons, tous gens d'élite, s'étaient engagés sur le plateau sans l'ordre de l'empereur. Il n'y eut plus alors aucun moyen de rallier les troupes : les quatre escadrons culbutés, la confusion ne fit qu'augmenter.

Les corps de cavalerie et les quatre bataillons de la garde qui, sur le plateau, tenaient tête depuis plusieurs heures à presque toute l'armée anglaise, avaient épuisé tous leurs efforts; leur artillerie avait brûlé toutes ses munitions; ils virent de ce plateau le feu de nos carrés derrière eux ; ils se mirent aussi en retraite, et la victoire s'échappa de nos mains. Le plateau abandonné, toute l'armée anglo-hollandaise fit un mouvement de ligne en avant, et s'arrêta à la position que nous avions occupée si long-temps. Dans le désordre où était l'armée française, il arriva ce qui arrive souvent en pareille circonstance : nos troupes d'infanterie et de cavalerie se battirent entre elles sans se reconnaître. Les huit bataillons de la garde qui étaient au centre, après avoir lutté long-temps contre toutes les attaques d'infanterie et de cavalerie ennemies, et n'avoir cédé le terrain que pied à pied, furent entièrement désorganisés par la masse des fuyards, et écrasés par le nombre des ennemis qui les entouraient. Ces braves grenadiers combattirent jusqu'à la fin, et vendirent chèrement leur vie. C'est alors que Cambrone, sommé de se rendre, fit cette réponse française : « *La garde meurt et ne se rend pas.* »

L'empereur se porta à la gauche de Planchenoit sur une deuxième position, où était en réserve un régiment de la garde avec deux batteries. Il fit là de nouveaux efforts pour arrêter les fuyards, et les rallier; mais d'une part les ténèbres de la nuit, qui empêchaient l'empereur d'être vu des soldats, et de l'autre l'extrême confusion qui régnait partout, rendaient ce ralliement déjà bien difficile; lorsque toute la cavalerie prussienne, soutenue par quelques bataillons d'infanterie légère, et tout le corps de Bulow, reprirent l'offensive, et, pénétrant par la droite de Planchenoit, portèrent le désordre à un tel point, que tout ralliement devint impossible. L'empereur, voyant que tous ses efforts étaient vains, que l'ennemi était déjà sur la chaussée, et qu'enfin il ne lui restait plus d'espoir, céda à la nécessité. Il prit la route de Charleroi (1), après avoir

---

(1) Lorsque l'empereur arriva à cette dernière position près Planchenoit, il n'avait avec lui que trois ou quatre de ses officiers; tous les autres étaient en mission. Après avoir reconnu l'impossibilité de rallier les fuyards, il me chargea de faire mettre en batterie quelques pièces qui étaient là, et de tirer sur la cavalerie anglaise, qui s'approchait rapidement: ce furent les derniers coups de canon. Un moment après, comme nous étions presque entourés par les

envoyé plusieurs officiers au maréchal Grouchy, pour lui annoncer la perte de la bataille, lui porter l'ordre de passer la Sambre à Namur, et de se diriger par Charlemont sur Laon, pour s'y réunir à l'armée.

L'attaque qu'on avait entendue au coucher du soleil, à deux lieues et demie sur notre droite, était effectivement celle de Grouchy; ce maréchal se battait à Wavres, et une de ses colonnes passait la Dyle à Limale, sur les derrières de Saint-Lambert. En chemin entre Gembloux et Wavres, il avait entendu depuis midi notre épouvantable canonnade. On ne pouvait pas s'y tromper; c'était une canonnade de grande bataille. Le général Excelmans, fortement ému, se rendit auprès du maréchal, et lui

---

ennemis, il fit former en carré le bataillon de la garde, et commanda le feu. L'empereur paraissait décidé à ne pas survivre à cette fatale journée : il voulait mourir avec ses grenadiers, et allait entrer dans le carré, lorsque le maréchal Soult, qui était tout près de lui, lui dit : « *Ah! sire, les ennemis sont déjà assez heureux!* » et en même temps il poussa le cheval de l'empereur sur la route de Charleroi. (*Extrait du Journal du général* Gourgaud.)

dit : « *Monsieur le maréchal, les armées sont aux mains; le feu est si nourri que la terre en tremble. Il me semble que ce n'est plus sur Wavres que nous devons marcher, mais bien, droit sur la canonnade; nous arriverons bientôt pour y prendre part.* » Le maréchal hésita; mais, lui montrant ses instructions, il lui dit qu'il serait possible qu'alors Blucher marchât sur Fleurus, et tournât ainsi toute notre droite : qu'il ne pouvait pas prendre sur lui une telle responsabilité. Le général Gérard, qui partageait entièrement l'opinion d'Excelmans, lui dit alors : « *Mais, monsieur le maréchal, c'était hier que vos instructions vous prescrivaient de marcher sur Wavres : vous avez jugé ne pas pouvoir le faire, parce que vous étiez incertain des mouvemens de Blucher : aujourd'hui il est évident que l'armée prussienne a gagné une demi-marche sur nous, et que pendant que nous marcherons sur Wavres, elle se portera ailleurs; au lieu qu'en marchant droit sur un aussi épouvantable feu, nous sommes sûrs de trouver à qui parler.* » Le maréchal, qui lui-même brûlait du désir de prendre part à la grande bataille, se rendit à ces raisons : il donna ordre à son infanterie de s'arrêter, et il faisait ses dispositions pour marcher sur Saint-Lambert, lorsque son avant-garde s'engagea du côté de Wavres. En ce même instant, il reçut le rapport que toute l'armée prussienne était en avant de cette ville (il n'y avait cependant que le troisième corps prussien). Le général Gérard insista néanmoins, auprès du maréchal, pour qu'il se dirigeât encore sur Saint-Lambert, en lui disant que probablement ce n'était qu'une arrière-garde prussienne, qui battra en retraite devant lui, tandis que les coups décisifs auront lieu à la gauche; mais le maréchal, effrayé de la responsabilité qui pesait sur lui dans de telles circonstances, crut, malheureusement, agir pour le mieux en reprenant son mouvement sur Wavres. Ce ne fut que quatre heures après, qu'il reçut l'ordre positif de marcher sur Saint-Lambert. Les autres ordres qui lui avaient été expédiés pour le même objet, ne lui étaient pas parvenus.

Telle fut la bataille de Waterloo : l'empereur en attribua principalement la perte, d'une part, 1o. à l'incertitude où le maréchal

Grouchy resta le 17 sur les mouvemens de l'ennemi. Si, dans la soirée du 17, il se fût trouvé sur Wavres en communication avec la gauche de l'armée, Blucher n'aurait pas osé se dégarnir devant lui, ou alors Grouchy l'aurait suivi. 2°. Au malentendu des instructions données à ce maréchal, et la non-réception des ordres que sa majesté lui envoya la nuit du 17 au 18, et le 18 au matin; et d'une autre part, à l'attaque intempestive que le maréchal Ney fit avec la cavalerie, deux heures trop tôt, malgré les ordres réitérés de l'empereur.

Le manque d'un commandant général de la garde, qui, composée de tant de corps différens, en avait le plus grand besoin, a aussi eu une fatale influence. Le duc de Trévise, qui remplissait cette place, avait été forcé, par cause de maladie, de s'en démettre le 14 à Baumont. On se rappelle que, lorsque l'empereur voulut faire charger la division de cavalerie de réserve de la garde, elle s'était mal à propos engagée sur un autre point : ce fut un grand malheur. La présence de cette cavalerie d'élite eût contenu celle de l'ennemi. Tous les autres corps de notre cavalerie, notre infanterie, se seraient ralliés, et nous eussions conservé le champ de bataille. Le corps de Ziéthen n'était pas en mesure de pouvoir pousser vivement son attaque; ses troupes étaient très-fatiguées, un grand nombre était resté en arrière. L'armée française, conservant le champ de bataille, malgré les corps de Bulow et de Ziéthen, et ayant derrière elle toutes les troupes de Grouchy, on pouvait raisonnablement espérer que les armées ennemies, qui avaient éprouvé de bien grandes pertes, seraient forcées de battre en retraite.

Tous les commandans des corps se comportèrent avec la plus grande bravoure. Leurs intentions étaient pures et loyales; mais, ainsi que nous l'avons déjà dit, il régnait parmi eux une dissension d'opinion qui tenait aux événemens de 1814, et qui a eu un bien funeste résultat. Le maréchal Ney, peut-être en conséquence de sa situation morale, était tombé dans une aberration d'esprit dont il ne sortait qu'au milieu du feu, où la bravoure naturelle de son tempérament reprenait le dessus, et lui rendait ses facultés. Une des fautes que l'empereur se reproche, est celle d'avoir employé ce maréchal, ou au moins de lui avoir donné un commandement si important.

CHAPITRE VII.

Quelques observations sur la bataille.

Plusieurs militaires ont critiqué les dispositions prises par l'empereur le matin du 17 : « Pourquoi, disent-ils, n'a-t-il pas marché avec toute l'armée sur Waterloo ? » La réponse est facile ; Napoléon savait que le quatrième corps (Bulow) s'était réuni à l'armée prussienne dans la nuit du 16 ; cette armée, ainsi augmentée, pouvait marcher en avant sur Fleurus et Charleroi. La plus grande faute qu'un général puisse commettre, le lendemain d'une bataille gagnée, est de ne pas poursuivre vivement l'armée battue pour l'empêcher de se rallier. On critiquerait avec raison l'empereur s'il eût fait marcher une armée de plus de cent mille hommes sur la seule chaussée des Quatre-Bras à Bruxelles, de laisser se rallier tranquillement une armée qui pouvait alors se porter sur ses derrières. Il a donc dû faire poursuivre l'armée prussienne ; mais ses instructions prescrivaient au corps chargé de cette poursuite, de se tenir toujours en communication avec lui, et de se placer entre l'armée prussienne et la chaussée des Quatre-Bras à Bruxelles. Le zèle et l'ardeur du maréchal Grouchy, des généraux Gérard, Pajol, Excelmans, étaient assez connus de Napoléon; il ne doutait pas que leurs troupes n'arrivassent le soir du 17, sur Wavres et sur les débouchés de la forêt de Soignes de ce côté. Le corps de Grouchy devant Wavres était en ligne avec l'armée de l'empereur. Si donc Wellington reçoit la bataille en avant de la forêt, l'empereur est sûr, par le mouvement de Grouchy, d'avoir sa droite et ses derrières bien appuyés; non-seulement les troupes de Grouchy tiendront en échec les Prussiens, mais seront plus en mesure de se joindre à l'empereur, que les Prussiens ne le seront de se joindre à Wellington. Si, au contraire, Wellington évacue Soignes et Bruxelles, et que Blucher se retire, soit sur cette ville, soit sur Liége, le corps de Grouchy a encore tous les avantages.

Il n'était pas probable que le duc de Wellington, ayant la forêt de Soignes et Bruxelles derrière lui, voulût livrer bataille. Cela n'eût pas été vraisemblable, lors même que toute la contestation de la guerre eût été en Belgique; mais il était absurde de le supposer, lorsque l'armée française formait la totalité des forces disponibles de l'empereur, tandis que les armées opposées ne formaient que le tiers des forces de la ligue contre la France. Napoléon pensait que Blucher n'aurait pas dû livrer la bataille de Ligni, ni le duc de Wellington celle des Quatre-Bras; leurs armées auraient dû se réunir, et évacuer la Belgique sans perte, pour attendre que les armées de la Russie et de l'Autriche fussent arrivées sur la Meuse. Il attribuait la bataille de Ligni au caractère décidé de Blucher, et celle des Quatre-Bras à l'obligation où s'était trouvé Wellington de soutenir l'armée prussienne. Il était raisonnable de penser que ces deux généraux n'exposeraient pas la destinée de leur parti dans une bataille où toutes les chances étaient désormais contre eux.

D'autres militaires ont admiré les opérations par lesquelles l'empereur avait dérobé la connaissance de son projet à l'ennemi ; ils ont fort approuvé les mouvemens qu'il avait ordonnés le 17, mais ils ont blâmé sa conduite le matin du 18. — « Pourquoi, disent-ils, lorsque Napoléon apprit que le maréchal Grouchy, au lieu d'être à Wavres, était resté à Temploux, a-t-il persisté à livrer la bataille ! »

Voici ce qu'on peut répondre : « Quoique la bataille fût nécessitée par la position générale des choses, l'empereur ne l'eût certes pas livrée, si, immédiatement après avoir reçu la lettre de Grouchy, de Gembloux, une seconde lettre de ce maréchal ne l'eût informé qu'il marchait sur Wavres. Cette dépêche était écrite avant le jour : de Temploux à Wavres, il n'y a que deux lieues : l'empereur pensait que Grouchy y serait à huit heures du matin. Pendant la nuit, il lui avait envoyé l'ordre, quand même il serait à Wavres, d'appuyer par sa gauche sur Saint-Lambert. On pouvait donc croire qu'il y arriverait vers deux heures après midi.

Quelques personnes auraient voulu que

l'empereur eût contremandé la bataille, après qu'il eut reconnu le corps de Bulow vers St.-Lambert, et qu'il eût fait marcher dans cette direction la cavalerie du général Domont et le corps du comte de Lobau; quelques coups de canon seulement avaient été tirés sur Hougoumont; mais, si l'on veut réfléchir à la position de la France et de l'armée française, on verra que, dans cette circonstance, comme dans tant d'autres, Napoléon a agi avec cette décision qui est le résultat d'une supériorité de lumières, et d'une grande habitude des événemens de la guerre. Il a pensé que, par la qualité de ses troupes, il avait encore assez de chances en faveur de la victoire, lors même que le corps de Bulow agirait avec l'armée anglaise; et que si Grouchy, comme il n'en pouvait douter, arrivait avec tout son corps ou seulement un détachement, sur St.-Lambert, il tomberait sur les derrières de Bulow: ce qui rendrait la victoire bien plus décisive. Dans le cas même ou le quatrième corps prussien seul prît part à la bataille, et que Grouchy, non plus que les premier, deuxième et troisième corps prussiens, n'y fussent pas engagés, l'armée de l'empereur aurait été diminuée de trente-six mille hommes, tandisque l'armée opposée l'aurait été de soixante mille (force des trois corps prussiens).

D'un autre côté, si l'empereur contremandait la bataille, les armées prussiennes et anglaises se réuniraient, et alors, le 19, sa position serait bien plus critique : car, malgré les pertes essuyées le 16, l'armée prussienne était encore de quatre-vingt-dix mille hommes. La jonction de ces deux armées présenterait une masse tellement supérieure, qu'il ne serait pas prudent d'engager le combat.

Lorsque l'empereur, qui se trouvait près de la Belle-Alliance, découvrit le mouvement de Bulow, il resta inébranlable dans sa décision de livrer bataille : mais il balança un instant, s'il ne changerait pas sa ligne d'opérations (1) pour la placer sur la

---

(1) C'est souvent un bien grand avantage de changer de ligne d'opérations pendant une bataille. Par une manœuvre semblable, Napoléon fut victorieux à Marengo. Sur la fin de la journée, Mélas, se croyant

route de Nivelles, en débordant la gauche de l'armée anglaise, au lieu de la droite, et en marchant sur Mont-Saint-Jean par la route de Nivelles, après s'être emparé de Braine-la-Leud. Par ce moyen, la ligne de retraite de l'empereur se trouverait plus éloignée des Prussiens; mais il considéra que Grouchy, envoyant un détachement sur les derrières de Bulow, celui-ci pourrait alors se retourner sur lui, puisqu'il ne serait plus contenu en front: qu'ainsi la réunion des Prussiens à l'armée anglaise serait plus prompte; qu'on les verrait même arriver sur la Haie-Sainte et la Belle-Alliance, vers

---

vainqueur, était retourné à Alexandrie, laissant au général Zach le soin de poursuivre l'armée française. Celui-ci, dans la persuasion où il était que les Français voulaient se retirer sur la chaussée de Tortone, chercha avec un gros corps à gagner cette chaussée, derrière San-Juliane; mais au commencement de la bataille, Napoléon avait changé sa ligne d'opérations, et l'avait dirigée entre Sale et Tortone; ensorte que Zach, au moment où il croyait couper la ligne de retraite de l'armée française, se trouva lui-même coupé de la sienne. Il fut pris avec tout son corps, ce qui décida la victoire en faveur des Français.

trois heures après midi. D'ailleurs, le terrain entre la Haie et Planchenoit est coupé par des bois et des défilés; ce qui le rendait plus favorable que tout autre pour les troupes destinées à arrêter le mouvement de Bulow; et enfin la partie de la ligne anglaise entre la Haie-Sainte et la Haie, parut à l'empereur plus faible que partout ailleurs.

Des militaires, en approuvant toutes les opérations, jusqu'au milieu de la bataille, auraient voulu que l'empereur, après avoir repoussé Bulow, eût rallié toute sa garde, même le bataillon envoyé à Planchenoit, et qu'elle fût restée en position comme réserve générale. Ce qui décida l'empereur à faire donner sa garde, fut la conviction où il était que, dans les circonstances où il se trouvait, il lui fallait un grand succès, et il était fondé à en espérer un décisif de la charge de ce corps d'élite. Au moment où il l'engagea, le jour était sur son déclin; ce qui lui fit croire que cette attaque était sans inconvéniens; et cela eût été ainsi, si la division de cavalerie de réserve de la garde fût restée près de lui.

Quelques officiers, présens à la bataille, pensent que, dans une circonstance si importante, l'empereur eût bien fait de mener sa première attaque, comme il avait mené celle de Montmirail, en formant ses troupes d'infanterie sur l'ordre perpendiculaire, les couvrant par de nombreux tirailleurs, et faisant coordonner convenablement les mouvemens de l'artillerie et de la cavalerie; genre de tactique très-délicat, et que l'empereur a déployé dans les attaques qu'il a conduites lui-même avec un petit nombre d'hommes. C'était aussi son intention; et cette idée avait beaucoup influé sur la confiance qu'il avait dans l'issue de la journée; mais la découverte du corps de Bulow le décida à se tenir dans une position centrale, afin de tenir les troupes prêtes à faire front à cette nouvelle attaque, où la moindre faute aurait, dès les quatre heures, entraîné la perte de la bataille.

En résumé, si l'on fait bien attention aux dispositions prises des deux côtés, l'on peut dire que, 1°. sans le mouvement de Bulow, la bataille eût été gagnée sur les trois heures de l'après-midi, par soixante-sept mille

Français, contre quatre-vingt-dix mille Anglo-Hollandais; car le corps du comte de Lobau, avec la jeune garde, devait attaquer le centre ennemi à deux heures. L'attaque des Prussiens, qui obligea de changer la destination du comte de Lobau et de la jeune garde, a aussi empêché l'attaque de la garde, l'empereur n'ayant jamais voulu engager cette réserve avant d'être assuré sur sa droite, par l'arrivée de Grouchy; 2°. soixante-sept mille Français eussent triomphé de cent vingt mille ennemis (90,000 Anglo-Hollandais et 30,000 Prussiens), si Blucher ne fût pas arrivé avec le premier corps prussien; 3°. malgré les soixante mille Prussiens de Bulow et de Blucher, et les quatre-vingt-dix mille hommes de Wellington, le résultat de la bataille n'eût été que celui d'une bataille ordinaire, où les Français eussent conservé leur position sur les hauteurs de Planchenoit, si la division de cavalerie de réserve de la garde n'eût pas été mal à propos engagée.

Tout militaire de bonne foi ne mettra pas en doute que ces résultats n'eussent été obtenus; et cela avec une armée où la malveillance et la trahison de quelques individus exerçaient une funeste influence.

On a blâmé, avec apparence de raison, les généraux Blucher et Wellington de n'avoir pas tenu leurs troupes campées dès le commencement de juin; de n'avoir pas connu les mouvemens de l'armée française, qui leur a dérobé trois marches, de sorte qu'ils se sont battus isolément, et n'ont jamais eu l'initiative du mouvement : ils ont même couru les risques de ne pas pouvoir se rallier, et d'être battus en détail en sortant de leurs quartiers.

On reproche à Blucher d'avoir rallié son armée dans la position de son ennemi. L'armée française, ayant, le 15 juin, dès midi, occupé Charleroi, et ayant passé la nuit suivante à une portée de fusil de Fleurus; Blucher, connaissant l'ennemi à qui il avait à faire, ne devait pas prendre, pour se rallier, un point si près de Fleurus, où il s'exposait à être battu partiellement. Il est de fait qu'avec une armée de près de cent cinquante mille hommes, Blucher n'a livré bataille qu'avec quatre-vingt-dix mille.

On reproche au duc de Wellington de

n'avoir été instruit qu'à une heure du matin, le 16, que toute l'armée française avait passé la Sambre la veille à midi, à Charleroi, et qu'elle bivaquait à dix à douze lieues de lui. Ainsi, les premiers coups de fusil ayant été tirés en avant de Charleroi, le 15, à cinq heures du matin, il n'en a été instruit, à quatorze lieues de là, que vingt heures après. Tout ce qui est arrivé au duc de Wellington, aux Quatre-Bras, ne peut lui être reproché; c'est une suite nécessaire de la faute qu'avait commise Blucher, en voulant rallier son armée à Ligni. Le choix du champ de bataille de Waterloo, en avant d'une forêt et d'une grande ville, lorsque Blucher avait été battu, a été une faute qui pouvait avoir les plus funestes résultats pour l'armée anglaise, et pour toute la coalition. La nature des chemins que Blucher avait à traverser, surtout par le mauvais temps qu'il faisait depuis deux jours, et les grandes pertes éprouvées par l'armée prussienne à Ligni, devaient décider le duc de Wellington à réunir son armée avec celle de Blucher, à une marche en arrière de Waterloo; ce qui était sans inconvénient. Les deux armées auraient pu facilement gagner douze ou quinze heures d'avance, et se trouver ralliées sur un même champ de bataille, présentant alors une masse de plus de deux cent mille combattans. On a même pensé, ainsi que nous l'avons déjà dit, que lors même de cette réunion, il était dans l'ordre général de la guerre de gagner du temps, et d'éviter la bataille, jusqu'à ce que les armées de l'Autriche et de la Russie fussent sur la Meuse.

La surprise des armées prussienne et anglo-hollandaise, dans leurs cantonnemens, avait donné la preuve de la supériorité du plan de campagne adopté par les Français. Tous les succès que l'on attendait de la réussite complète de ce plan, ne paraissaient plus douteux, lorsque la malheureuse bataille de Waterloo vint, malgré toutes les probabilités, renverser tous les calculs; tant le hasard a d'influence sur les actions humaines!

Jamais les troupes françaises n'ont mieux montré leur prééminence sur toutes les troupes de l'Europe que dans cette courte campagne, où elles ont été si constamment inférieures en nombre. Aussi peut-on dire que, dans ces grands désastres, si l'armée française a tout perdu, elle a au moins conservé son honneur.

CHAPITRE VIII.

Suites de la bataille. — Pertes éprouvées par l'armée française et par les armées ennemies. — Quartier général à Laon. — Ordres expédiés aux autres armées.

Indépendamment du pont sur la Dyle, au village de Gennappe, il y en avait plusieurs autres dans les villages voisins : mais au milieu de l'extrême confusion où était l'armée, tous les fuyards se dirigèrent sur Gennappe, qui, en un moment, en fut encombré. L'empereur s'y arrêta quelques instans, pour essayer encore de rétablir un peu d'ordre; mais le tumulte, augmenté par l'obscurité de la nuit, rendit de nouveau toutes ses tentatives inutiles. Peut-être, qu'en résultat, ce qu'il y avait de mieux à faire, c'était de n'opposer aucune résistance, et de faire la plus prompte retraite possible. Tous les corps, toutes les armes, étaient confondus : soldats d'infanterie, de cavalerie, d'artillerie, tous se pressaient, s'écrasaient mutuellement. Beaucoup de chariots et de caissons étaient renversés, tant sur le pont que dans les rues. Plusieurs étaient fixés entre eux; ce qui était un nouvel indice de malveillance.

La plus grande partie du matériel de l'artillerie resta sur le champ de bataille, ou fut abandonné à ce défilé (1). Quant aux pertes du personnel de l'armée, voici comment on peut les établir : l'armée française, en passant la Sambre, le 15 juin, était de cent quinze mille hommes. Elle a perdu,

Le 19 à Ligni. . . .	6,800 tués ou blessés.
Aux Quatre-Bras. .	4,140 *idem.*
Le 17, 18 et 16. . .	18,500 *idem.*
	7,008 prisonniers.

ce qui fait un total de 36,940 hommes perdus pour cette armée, car les blessés resté-

(1) C'est là que furent pris les bagages et la voiture que l'empereur avait coutume de faire rester toujours près du champ de bataille. Ce n'a été que plusieurs jours après son arrivée à Paris, que l'empereur a appris la perte de cette voiture, dans laquelle il n'était pas monté depuis son départ de Beaumont. On y trouva un chapeau, une épée, des habits, etc. : c'était tous des effets de rechange.

rent au pouvoir de l'armée ennemie. Parmi les prisonniers furent les généraux, comte Lobau, Cambrone et Duhesme. Ce dernier fut massacré de sang-froid sur la route, le lendemain du combat! Le général Devaux, commandant l'artillerie de la garde, officier très-distingué par ses talens et sa bravoure, fut au nombre des morts.

Les généraux ennemis, dans leurs relations, reconnaissent que les Anglais et les Hanovriens ont perdu,

Le 16, tués ou blessés.	2,884
Le 17 et 18, *ditto*	10,854
à quoi il faut ajouter les pertes de	
La légion allemande.	1,620
Artillerie et génie de légion allem . .	280
Division de Brunswick	2,000
Hollandais et Belges.	4,136
Nassau.	3,100
Total, Anglais, Hanovriens, Hollandais, etc.	24,874
Perte des Prussiens pendant la campagne (tirée des rapports officiels). . .	33,132
Perte générale des alliés (1).	58,006

(1) *État, par nation, des pertes des alliés.*

Anglais . . .	10,981	Rapport du duc de Wellington, du 29 juin.
Hanovriens.	2,757	

Le 19, entre quatre et cinq heures du matin, l'empereur arriva à Charleroi : il donna ordre aux équipages de pont et à ceux des vivres, qui étaient restés en arrière de la ville, de partir sur-le-champ pour Philippeville et Avesne, pour se diriger de là sur Laon. Il se rendit ensuite à Philippeville, où il arriva à dix heures du matin. Il expédia de nouveau des ordres au maréchal Grouchy pour faire sa retraite par Rhetel, sur Laon : et à tous les commandans des places de la Meuse, de se tenir prêts à être attaqués, et de se défendre jusqu'à la dernière extrémité. Des ordres furent également expédiés au général Rapp, commandant le cinquième corps en Alsace, au général Lecourbe, commandant le corps

Ci-contre	13,738	
Légion alem.	1,900	État par régiment.
Brunswick. . .	2,000	
Nassau	3,100	Le rapport du prince Bernard en avoue 2800.
Hol., Belg . .	4.136	Rapport du prince d'Orange.
Prussiens. . .	33,132	Rapports officiels.
	58,006	hommes tués ou blessés.

de Béfort, et au général Lamarque, commandant l'armée de la Vendée, de se rendre à marches forcées avec toutes leurs troupes sur Paris, en employant tous les moyens possibles pour accélérer leur mouvement, tels que de faire venir l'infanterie en charrettes, de faire traîner l'artillerie par des chevaux de réquisition, etc.

Cependant les débris de l'armée repassaient la Sambre aux ponts de Marchiennes, de Charleroi, et du Châtelet. De Gosselies, la masse des fuyards des premier et deuxième corps, qui avaient passé à Marchiennes, se dirigea de ce côté pour y repasser la rivière. La garde impériale, et le sixième corps, se retirèrent sur Charleroi. L'armée, faisant ainsi sa retraite sur plusieurs points, rendit son ralliement plus difficile. Le prince Jérôme se rendit à Avesne, pour y réunir les corps qui prendraient cette direction.

Après avoir expédié tous les ordres que les circonstances rendaient nécessaires, l'empereur quitta Philippeville, à deux heures après midi, y laissant le maréchal Soult pour rallier le grand quartier général et les corps qui se porteraient sur cette place:

il se mit en marche sur Laon, d'où il envoya l'aide de camp Flahaut à Avesne, pour avoir de nouveaux renseignemens. Ce général y trouva une partie de la garde et de l'armée, que le prince Jérôme avait déjà réunie. L'aide de camp Déjeau fut envoyé à Guise, tant pour examiner l'état de cette place, que pour rallier tous ceux qui auraient pris cette direction. L'aide de camp Bussy fut laissé à Laon, afin de tout préparer pour l'armée qui allait se rassembler autour de cette avantageuse position. Napoléon se rendit ensuite en toute hâte à Paris, accompagné du duc de Bassano, du maréchal du palais Bertrand, et de ses aides de camp Drouot, Labédoyère, Bernard, Gourgaud, pour y passer quarante-huit heures, prévenir la commotion politique que la nouvelle du désastre pouvait occasionner, prendre les mesures les plus promptes pour hâter et terminer tous les préparatifs de défense de la capitale, préparer les esprits à la grande crise dans laquelle la France allait se trouver, faire diriger sur Laon toutes les troupes, tous les renforts que l'on pourrait tirer des dépôts et de nos places ; en un mot, prendre toutes les mesures pour l'exécution du second plan d'opérations, auquel on se trouvait réduit. L'intention de Napoléon était de rejoindre, immédiatement après, son armée sous Laon.

CHAPITRE IX.

Mouvement du corps du maréchal Grouchy. Il se joint à l'armée sur Laon.

D'APRÈS le rapport du maréchal Grouchy, il paraît qu'au moment où il reçut, le 18, l'ordre de marcher sur Saint-Lambert, il était fortement engagé : maître d'une partie de Wavres, il n'avait pas encore pu en déboucher. Le général Gérard, à la tête du quatrième corps, avait été grièvement blessé, en voulant forcer le passage de la rivière à Bielge. Dans ces circonstances, le maréchal avait envoyé sur Limale le corps de cavalerie légère de Pajol, et trois divisions d'infanterie, pour y passer la Dyle, et marcher contre Bulow. Ce mouvement réussit, et les hauteurs opposées furent enlevées ; mais alors il était nuit, et la grande bataille était terminée, Le 19, à la pointe du jour, les Prussiens attaquèrent à leur tour, mais ils furent repoussés partout. Le général Penne, officier très-distingué, fut tué en emportant le village de Bielge.

Les hauteurs de Wavres furent également emportées, et le maréchal Grouchy se disposait à marcher sur Bruxelles, lorsqu'il reçut la nouvelle de la perte de la bataille de Waterloo, et l'ordre de battre en retraite; ce que ce maréchal exécuta aussitôt en deux colonnes, l'une se dirigeant directement de Temploux sur Namur, et l'autre par la grande route de Charleroi à Namur.

L'ennemi voulut attaquer les queues de ces colonnes, mais il fut vigoureusement repoussé, et perdit quelques canons. Le maréchal arriva ainsi à Namur, d'où il prit la route de Dinant, laissant le corps de Vandamme, tant pour détruire le pont de Namur (ce qu'on ne put exécuter) que pour faire l'arrière-garde, et contenir l'ennemi. Les Prussiens essayèrent de forcer le passage du pont; mais après avoir perdu beaucoup de monde, ils renoncèrent à cet espoir. Le corps de Vandamme se maintint dans la ville jusqu'à huit heures du soir, qu'il dut l'abandonner, pour continuer le mouvement de retraite. Le 24, tout le corps de Grouchy arriva à Rethel, et le 26 il se réunit à l'armée sous Laon.

CHAPITRE X.

Ressources militaires qui restent encore à la France après la bataille.

La perte de la bataille de Waterloo mettait la France dans une situation bien critique ; mais les mesures de prévoyance que l'empereur avait prises, avant l'ouverture de la campagne, offraient encore des ressources en tous genres. Les débris de l'armée française, après avoir passé la Sambre et s'être ralliés sur différens points, s'étaient dirigés sur Laon; et, le 26 juin, l'armée qui y était rassemblée, se montait au-delà de soixante-cinq mille hommes. Quelques milliers d'hommes seulement s'étaient dispersés dans l'intérieur. Sans doute que notre perte était considérable, mais l'ennemi avait encore plus perdu. Tous les dépôts des régimens étaient arrivés dans les environs de la capitale, et ils avaient assez d'hommes pour remplacer les soldats manquans. Les seuls dépôts de la garde impériale en avaient six mille disponibles. On avait perdu beaucoup de matériel d'artillerie, mais les soldats du train, pour la plupart, s'étaient sauvés avec leurs chevaux. On les réunissait à la Fère et à Vincennes. Il y avait, tant dans ce dernier lieu que dans Paris, cinq cents pièces de canon de campagne; en outre, d'autres parcs considérables étaient sur la Loire. On pouvait facilement organiser deux cents bouches à feu; ce qui remettrait notre matériel dans le même état où il était avant le désastre. L'empereur calculait avec raison avoir, dans les premiers jours de juillet, une armée de cent trente mille hommes sur l'Aisne, entre Soissons et Laon. Les Russes et les Autrichiens n'avaient pas encore passé le Rhin le 24 juin; dès lors ils ne pouvaient être en force sur la Marne avant le 20 juillet. Les armées anglo-hollandaise et prussienne, déjà fort diminuées par les dernières batailles, ne pouvaient s'avancer sur l'Aisne qu'en laissant des corps d'observation devant les places de la frontière du Nord, telles que Dunkerque, Valenciennes, Lille, Maubeuge, Condé, etc., qui toutes avaient de nombreuses garnisons; il fallait, en outre, masquer toutes les places de la Somme. Blucher et Wellington ne pouvaient alors s'avancer qu'avec environ soixante-dix mille hommes; et Napoléon comptait être, le 26 juin, sur l'Aisne, avec plus de quatre-vingt mille. Dix jours après, il eût eu une armée de cent vingt à cent trente mille hommes; et successivement ses forces se seraient accrues jusqu'à cent cinquante mille combattans. Les deux généraux opposés auraient donc été obligés de combiner leurs mouvemens avec ceux des armées russe et autrichienne. On aurait ainsi gagné un mois; pendant ce temps, les fortifications de Paris, sur la rive gauche de la Seine, eussent été terminées et armées; celles sur la rive droite l'étaient déjà en entier. Les armes ne manquaient pas pour armer les fédérés. La garde nationale eût été augmentée. L'on aurait eu ainsi un corps de soixante mille hommes; et, dans l'espace de temps qui restait encore avant que l'ennemi pût s'approcher en grande force de la capitale, on aurait pu réunir soixante autres mille hommes de garde nationale de la Bretagne, de la Normandie, de la rive gauche de la Loire, et de tout l'empire; et même faire venir les vingt régimens de marine qui avaient été organisés.

Dans le midi, le maréchal Suchet avait eu des succès : il s'était emparé de Montmeillan, et avait rejeté l'ennemi au-delà du mont Cénis. Son corps réuni devant Lyon, avec toutes les gardes nationales du pays, destinées à la défense de ce point central, eût occupé toute l'armée autrichienne d'Italie. On se trouvait donc naturellement revenir au second plan.

La combinaison des armées anglo-hollandaise et prussienne avec les autres armées aurait donné lieu à des événemens militaires, tout à l'avantage de celui qui occupait la position centrale, et qui pouvait manœuvrer avec cent cinquante mille hommes autour d'un point d'appui comme Paris, surtout lorsque ce point est bien fortifié, est armé de cinq à six cents bouches à feu, et contient plus de cent vingt mille hommes armés et organisés.

Tels étaient encore les moyens militaires avec lesquels on pouvait espérer de lutter avec égalité de chances, lorsque les événemens politiques, qu'on n'avait pu prévoir, paralysèrent tout, et forcèrent l'empereur à abdiquer en faveur de son fils. C'est ce que nous allons rapporter dans le chapitre suivant.

CHAPITRE XI.

Arrivée de l'Empereur à Paris. Insurrection des chambres. Il ne lui reste plus que trois partis à prendre. Raisons qui déterminent son choix. Il abdique.

L'EMPEREUR, peu après son arrivée au palais de l'Élysée, le 21 juin, convoqua un conseil des ministres : on y discuta les mesures à prendre dans les circonstances où l'on se trouvait. On fut d'opinion de déclarer Paris en état de siége; de convoquer les chambres à Tours, et de porter dans cette ville le centre du gouvernement : de donner le commandement de Paris au maréchal Davoust, et le ministère de la guerre au général Clausel. Tous ces différens actes se rédigeaient à la secrétairerie d'état, et déjà les ordres étaient expédiés pour doubler le nombre des tirailleurs de la garde nationale, et leur donner des armes dans la journée. On discutait s'il convenait que l'empereur portât lui-même, en habit de voyage, et sans appareil, ces décisions aux chambres, et l'on minutait même le discours, lorsque l'on fut instruit que la plus vive fermentation se manifestait dans la chambre des députés. Peu après midi, l'on reçut un message par lequel cette chambre se déclarait en permanence, méconnaissait l'autorité impériale, et déclarait traître à la patrie quiconque voudrait suspendre sa permanence. M. de la Fayette paraissait se placer à la tête d'un parti dont on ignorait les véritables intentions. Quelques momens après, on apprit que la chambre des pairs venait de suivre l'exemple de celle des députés, et de se mettre en insurrection contre l'empereur.

Ces deux événemens suspendirent tout : on ne jugea plus qu'il fût convenable que l'empereur se transportât au milieu des députés de la nation, puisqu'ils s'étaient déclarés en insurrection. Les ministres seulement s'y rendirent et annoncèrent l'arrivée de l'empereur à Paris, et la situation des affaires.

Dans la soirée, le plan des meneurs des deux chambres ne tarda pas à se développer: il avait des ramifications dans le ministère :

le duc d'Otrante paraissait en être un des principaux ressorts. Bientôt les nouvelles les plus désastreuses circulèrent partout : on disait que le maréchal Grouchy n'avait pas huit mille hommes avec lui ; que toute l'armée était détruite. Les ennemis de Napoléon, les amis du roi, les partisans de l'étranger, se remuaient de tous côtés, et tâchaient d'accroître dans la garde nationale le nombre de leurs prosélytes.

La nuit, il y eut une conférence des ministres avec une commission de chacune des chambres. L'esprit des chambres se déploya tout entier : le danger de la patrie n'était pas seulement dans ses ennemis extérieurs et dans l'approche des armées victorieuses à Waterloo ; mais il consistait surtout dans les divisions de l'intérieur. Il ne restait plus à l'empereur que trois partis à prendre.

Le premier était de se rendre le 22, au point du jour, au palais des Tuileries ; d'y convoquer toutes les troupes de ligne qui se trouvaient dans la capitale, les six mille hommes de la garde impériale, les fédérés, la garde nationale, le conseil d'état, les ministres, et d'ajourner les chambres. On était sûr des sentimens des troupes et des fédérés, ce qui emportait tout le peuple de Paris; d'une portion de la garde nationale; car une grande partie n'était pas bien disposée. En ajournant les chambres, il fallait s'attendre à de la résistance, puisque déjà elles avaient déclaré ne reconnaître aucun pouvoir qui voudrait les suspendre. Cependant on n'avait pas à craindre une résistance sérieuse. La chambre des députés eût été contrainte par la force de rentrer dans le cercle constitutionnel, et l'ajournement aurait eu lieu.

Le deuxième parti était de caresser la faction qui menait les chambres, de laisser celles-ci s'emparer de l'autorité, et négocier directement avec les souverains alliés, en leur envoyant des députés sans l'intervention de l'empereur; mais n'était-il pas évident que, se sentant compromis par cette levée de boucliers contre l'empereur, et craignant qu'il ne s'affranchît de leur médiation aussitôt qu'il aurait réuni de grandes forces, les meneurs des chambres ne chercheraient qu'à entraver la marche de l'administration? Les chambres verraient avec ombrage toutes les mesures que prescriraient des circonstances aussi impérieuses; en un mot, au lieu d'être utiles, elles paralyseraient tous les moyens de défense qui restaient encore. Il était d'ailleurs facile de prévoir que, constans dans leur politique fallacieuse, les souverains alliés flatteraient les députés des chambres, et sûrs de n'être plus arrêtés dans leurs projets de conquête et de spoliation, aussitôt qu'ils auraient écarté le seul homme qui pût y mettre obstacle, ils promettraient tout, à condition que Napoléon fût éloigné du timon de l'état. Ainsi c'était se retrouver, dans cinq ou six jours plus tard, dans le même embarras où l'on était, avec perte de temps et de considération.

Le troisième parti qui restait à Napoléon était d'abdiquer en faveur de son fils, de livrer aux chambres toute l'autorité, et, par une abnégation complète de tous ses intérêts, leur ôter la pensée qu'il pût un jour ressaisir le sceptre qu'il venait de déposer, et employer contre elles son pouvoir. Les chambres, rassurées sur ce point, pouvaient dès lors faire tous leurs efforts, seconder de tous leurs moyens la réorganisation des forces nationales, enfin se dévouer en entier au salut de l'empire.

L'empereur délibéra entre le premier et le troisième parti, et adopta ce dernier. Le second lui parut le plus mauvais; et aujourd'hui que les circonstances sont passées, il est encore en doute de savoir si le premier eût été plus utile à la France. Napoléon jugea que s'il lui restait encore assez d'espoir de sortir avec honneur de la formidable lutte où se trouvait la France après le désastre de Waterloo, ce ne pouvait être qu'avec l'assistance des deux chambres et l'union de tous les hommes de la révolution, pour électriser la nation et comprimer les ennemis intérieurs. Il pensa que les chambres ajournées par la force, priveraient le parti national de ses principaux moyens, accroîtraient le nombre des mécontens, fourniraient de nombreux prétextes, et accréditeraient l'opinion que ce n'était point à la nation que les étrangers en voulaient; que ce n'était pas pour le rétablissement des Bourbons qu'ils avaient pris les armes, mais bien contre l'ambition seule de Napoléon;

Ayant donc contre lui toute l'Europe, tous les royalistes de la France, tous les partisans de l'étranger, et, par l'ajournement des deux chambres, une grande partie des hommes de la révolution, la possibilité du triomphe devenait presque chimérique. Encore devait-il être prêt à se porter aux actes les plus arbitraires et les plus terribles. Dictateur, il fallait gouverner par la hache du licteur, et par l'impulsion d'une populace furieuse qu'il fallait déchaîner.

Le dernier parti n'offrait, il est vrai, guère plus de probabilité pour la cause nationale : l'empereur abdiquant, l'armée mécontente perdrait tout son ressort; et, le conservât-elle, elle serait trop peu secondée pour sortir d'une si terrible situation. Le maréchal Davoust et les autres chefs n'avaient ni assez d'habitude de la grande guerre, ni assez la confiance des soldats et du peuple, pour trouver des ressources proportionnées à de telles circonstances. Il était même probable que les armées anglo-hollandaise et prussienne marcheraient à tire-d'aile sur Paris, sans faire attention à l'armée française réunie à Laon, aussitôt qu'elles seraient assurées que Napoléon n'était plus à sa tête. Si, par le parti que choisit Napoléon, il ne pouvait rien faire pour la patrie, il cessait au moins d'être un obstacle à sa délivrance. En proclamant ce que les chambres paraissaient vouloir, il élevait un point de réunion; il rendait aux représentans de la nation le libre exercice de toute leur énergie. Peut-être sortirait-il de leur sein quelques talens extraordinaires : peut-être, comme dans les premiers temps de la révolution, verrait-on la France répondre à la voix du patriotisme, qui, du haut de la tribune, l'appelait aux armes.

Enfin, dût ce parti ne laisser pas plus d'espérances que les précédens, Napoléon devait à sa gloire, devait à la nation, qui deux fois lui avait confié ses destinées, de mettre dans tout son jour la pureté de ses intentions, et de constater aux yeux de la postérité, que si la France périssait, ce n'était pas au moins aux intérêts d'un seul homme qu'elle avait été sacrifiée.

CHAPITRE XII.

L'Empereur ayant abdiqué, les armées anglo-hollandaise et prussienne s'avancent imprudemment sur Paris. Cette manœuvre, qui eût dû les perdre, leur réussit entièrement.

La déclaration au peuple français, par laquelle Napoléon faisait connaître son abdication, fut publiée le 22 (1). Aussitôt que cette nouvelle fut répandue dans l'armée, elle y porta la consternation et le désespoir. L'effet qu'elle produisit dans les armées ennemies nous fut encore plus funeste, par l'audace qu'elle donna à leurs chefs. Blucher et Wellington paraissaient, dans leurs premiers projets, être convenus de ne pas dépasser les frontières de la France avant l'arrivée des armées russes et autrichiennes; et, en attendant, de s'emparer d'Avesne, Maubeuge, et des autres places de cette fron-

(1) Voyez Appendix.

tière; de couvrir de leurs troupes légères tout le pays, jusqu'à la Somme, et de le faire insurger. Ils préféraient ce plan à celui de marcher sur Paris avec une armée considérablement réduite, par le grand nombre de troupes qu'il leur faudrait laisser en arrière, pour masquer et contenir les garnisons; marche qui, d'ailleurs, les aurait exposés à être pris en flanc, et battus comme à Champ-Aubert, Montmirail, etc. Mais, dès que ces deux généraux apprirent que Napoléon avait abdiqué, et qu'il n'était plus à la tête des armées françaises, ils changèrent de résolution, pensant qu'alors ce serait commettre une bien grande faute que de ne pas profiter, pour s'emparer de la capitale, du désordre et de la confusion qu'un tel événement devait causer dans tous les esprits. Ne tenant donc aucun compte de l'armée française, déjà forte de soixante-quinze mille hommes, réunie entre Laon et Soissons, ils pénétrèrent par La Fère et Compiègne, et marchèrent en toute hâte sur Paris. L'armée française, entièrement découragée par les nouvelles de Paris, ne pensa qu'à se reployer en toute diligence

ous les murs de la capitale. On regarda
nême comme un succès obtenu, que, le 28
uin, elle eût pu arriver à Saint-Denis avant
es ennemis.

Cette armée étant rassemblée sous Paris,
e maréchal Davoust se mit à sa tête; mais
ne prit aucune résolution, Les alliés s'en-
ardirent au point de marcher par la vallée
e Montmorency, et d'arriver à Saint-Ger-
nain et à Versailles, laissant, pendant tout ce
nouvement leur flanc gauche entièrement
découvert, et exposé à l'armée française (1).
In ne sut pas profiter d'une aussi impru-
ente manœuvre; et, au lieu d'écraser l'en-

(1) L'empereur, au moment de s'éloigner pour ja-
nais de la France, apprenant à la Malmaison le
nouvement imprudent des ennemis, envoya, par le
énéral Becker, proposer au gouvernement provi-
oire de se mettre, comme général, à la tête de
armée française; de tomber avec toutes ses forces
ur le flanc et les derrières de l'ennemi; d'en causer
ı ruine, et, sauvant pour le moment la capitale,
'obtenir le temps et les moyens de négocier avec
lus d'avantage. Cet objet rempli, Napoléon aurait
ésigné son commandement. Le gouvernement pro-
isoire refusa cette offre, et Napoléon partit.

nemi en attaquant vigoureusement son flanc et ses derrières, le général français fit repasser la Seine à la plus grande partie de l'armée, et la rangea en bataille dans la plaine de Grenelle.

Bientôt les armées furent en présence, et le gouvernement provisoire signa une capitulation où rien ne fut stipulé, tant pour les droits de la nation, que pour les intérêts de l'armée; elle dut évacuer Paris, et se retirer derrière la Loire, abandonnant ainsi, sans livrer bataille, la capitale à une armée égale en force; car les armées autrichiennes et russes étaient encore éloignées de plus de quinze journées de marche. Ce fut sans doute une des plus honteuses transactions dont l'histoire fasse mention. Que pouvait-il arriver de pis, après avoir donné et perdu la bataille, que de livrer ainsi Paris sans stipulations? Mais le gouvernement provisoire ne déploya ni talent, ni patriotisme, ni caractère.

Lorsque l'armée ennemie s'étendait de Saint-Denis à Saint-Cloud, eût-elle été double de la nôtre, sa perte était certaine, comme nous venons de le dire, en débouchant sur elle par Saint-Denis. Quand le moment de faire cette manœuvre fut passé (manœuvre qui n'a pu échapper au dernier soldat), on pouvait se tenir dans Paris avec les fédérés et la garde nationale; ce qui portait nos forces à plus de cent vingt mille hommes, et alors obtenir des conditions avantageuses pour l'armée; conditions qui eussent garanti les droits du peuple. Mais il est vrai de dire que, depuis le départ de Napoléon, l'armée n'avait plus de zèle; les maréchaux étaient divisés; aucun d'eux n'avait assez de prépondérance pour de telles circonstances. Le gouvernement provisoire et les chambres continuèrent à être trahis par Fouché, et par le parti qui s'était entendu avec l'ennemi. Carnot agissait de bonne foi, mais il se laissa facilement tromper.

Les vertiges des chambres étaient tels, que, dans ces momens importans, elles s'amusaient à de vaines discussions de principes de constitutions. La postérité ne croira pas qu'elles poussèrent l'aveuglement au point d'imaginer que des bataillons prussiens viendraient garantir et assurer l'exécution de leurs décrets. La garde nationale ayant la même confiance, déclarait, de son côté, qu'elle voulait conserver les couleurs nationales, et les alliés entraient dans Paris !

Bientôt toutes les illusions furent détruites ; le roi ordonna, le lendemain de cette déclaration, la dissolution des deux chambres, déjà cernées par les baïonnettes prussiennes; et, le 8 juillet, il fit son entrée dans la capitale. Les membres de la chambre des députés, chassés du lieu de leur assemblée, se réunirent alors chez leur président Lanjuinais, et tout se termina par de vaines et impuissantes protestations.

APPENDIX.

No I.

ORDRE DU JOUR.

Avesne, le 13 juin 1815.

Position de l'armée le 14.

Le grand quartier-général à Beaumont. L'infanterie de la garde impériale sera bivouaquée à un quart de lieue en avant de Beaumont, et formera trois lignes; la jeune garde, les chasseurs et les grenadiers. M. le duc de Trévise reconnaîtra l'emplacement de ce camp : il aura soin que tout soit à sa place ; artillerie, ambulance, équipage, etc.

Le premier régiment de grenadiers à pied se rendra à Beaumont.

La cavalerie de la garde impériale sera placée en arrière de Beaumont; mais les corps les plus éloignés n'en doivent pas être à une lieue.

Le deuxième corps prendra position à

Laire, c'est-à-dire, le plus près possible de la frontière, sans la dépasser. Les quatre divisions de ce corps d'armée seront réunies et bivaqueront sur deux ou quatre lignes; le quartier-général au milieu; la cavalerie en avant, éclairant tous les débouchés, mais aussi sans dépasser la frontière, et la faisant respecter par les partisans ennemis qui voudraient la violer.

Les bivouacs seront placés de manière que les feux ne puissent être aperçus de l'ennemi : les généraux empêcheront que personne ne s'écarte du camp : ils s'assureront que la troupe est pourvue de cinquante cartouches par homme, quatre jours de pain, et une demi-livre de riz; que l'artillerie et les ambulances sont en bon état, et les feront placer à leur ordre de bataille. Ainsi le deuxième corps sera disposé à se mettre en marche le 15 à trois heures du matin, si l'ordre en est donné, pour se porter sur Charleroi, et y arriver avant neuf heures.

Le premier corps prendra position à Solre-sur-Sambre, et il bivaquera aussi sur plusieurs lignes, observant, ainsi que le deuxième corps, que ses feux ne puissent êtres aperçus de l'ennemi; que personne ne s'écarte du camp, et que les généraux s'assurent de l'état des munitions, des vivres de la troupe, et que l'artillerie et les ambulances soient placées à leur ordre de bataille.

Le premier corps se tiendra également prêt à partir le 15, à trois heures du matin, pour suivre le mouvement du deuxième corps; de manière que, dans la journée d'après-demain, ces deux corps manœuvrent dans la même direction, et se protégent.

Le troisième corps prendra demain position à une lieue en avant de Beaumont, le plus près possible de la frontière, sans cependant la dépasser, ni souffrir quelle soit violée par aucun parti ennemi. Le général Vandamme tiendra tout le monde à son poste, recommandera que les feux soient cachés, et qu'ils ne puissent être aperçus de l'ennemi. Il se conformera d'ailleurs à ce qui est prescrit au deuxième corps pour les munitions, les vivres, l'artillerie et les ambulances, et pour être prêt à se mettre en mouvement le 15 à trois heures du matin.

Le sixième corps se portera en avant de

Beaumont ; et sera bivaqué sur deux lignes, à un quart de lieue du troisième corps. M. le comte de Lobau choisira l'emplacement, et il fera observer les dispositions générales qui sont prescrites par le présent ordre.

M. le maréchal Grouchy portera les premier, deuxième, troisième et quatrième corps de cavalerie, en avant de Beaumont, et les établira au bivouac entre cette ville et Walcourt; faisant également respecter la frontière, empêchant que personne ne la dépasse, et qu'on se laisse voir, ni que les feux puissent être aperçus de l'ennemi; et il se tiendra prêt à partir après demain, à trois heures du matin, s'il en reçoit l'ordre, pour se porter sur Charleroi, et faire l'avant-garde de l'armée.

Il recommandera aux généraux de s'assurer si tous les cavaliers sont pourvus de cartouches, si leurs armes sont en bon état, et s'ils ont pour quatre jours de pain, et la demi-livre de riz qui ont été ordonnés.

L'équipage de ponts sera bivaqué derrière le sixième corps, et en avant de l'infanterie de la garde impériale.

Le parc central d'artillerie sera en arrière le Beaumont.

L'armée de la Moselle prendra demain position en avant de Philippeville. M. le comte Gérard la disposera de manière à pouvoir partir après demain, le 15, à trois heures du matin, pour joindre le troisième corps, et appuyer son mouvement sur Charleroi, suivant le nouvel ordre qui lui sera donné; mais le général Gérard aura soin de se bien garder sur son flanc droit, et en avant de lui, sur toutes les directions de Charleroi et de Namur. Si l'armée de la Moselle a des pontons à sa suite, le général Gérard les fera avancer le plus près possible, afin de pouvoir en disposer.

Tous les corps d'armée feront marcher en tête les sapeurs, et les moyens de passage que les généraux auront réunis.

Les sapeurs de la garde impériale, les ouvriers de la marine, et les sapeurs de la réserve, marcheront après le sixième corps, et en tête de la garde.

Tous les corps marcheront dans le plus grand ordre et serrés. Dans le mouvement sur Charleroi, on sera disposé à profiter de tous les passages pour écraser les corps ennemis qui voudraient attaquer l'armée ou qui manoeuvreraient contre elle.

Il n'y aura à Beaumont que le grand quartier général. Aucun autre ne devra y être établi, et la ville sera dégagée de tout embarras. Les anciens règlemens sur le quartier général et les équipages, sur l'ordre de marche, et la police des voitures et bagages, et sur les blanchisseuses et vivandières, seront remis en vigueur. Il sera fait à ce sujet un ordre général; mais, en attendant, MM. les généraux commandant les corps d'armée, prendront des dispositions en conséquence; et M. le grand prévôt fera exécuter ces règlemens. L'empereur ordonne que toutes les dispositions contenues dans le présent ordre soient tenues secrètes par MM. les généraux.

Par ordre de l'empereur,

Le maréchal d'empire, major général,

Signé, duc de DALMATIE.

N° II.

Beaumont, 14 juin 1815.

ORDRE DE MOUVEMENT.

DEMAIN, le 15, à deux heures et demie du matin, la division de cavalerie légère du général Vandamme montera à cheval, et se portera sur la route de Charleroi : elle enverra des partis dans toutes les directions, pour éclairer le pays et enlever les postes ennemis ; mais chacun de ces partis sera au moins de cinquante hommes. Avant de mettre en marche la division, le général Vandamme s'assurera qu'elle est pourvue de cartouches.

A la même heure, le lieutenant-général Pajol réunira le premier corps de cavalerie, et suivra le mouvement de la division du général Domont, qui sera sous les ordres du général Pajol. Les divisions du premier corps de cavalerie ne fourniront point de détachemens ; ils seront pris dans la troisième division. Le général Domont laissera sa batterie d'artillerie, pour marcher après le premier bataillon du troisième corps d'infanterie. Le lieutenant-général

Vandamme lui donnera des ordres en conséquence.

Le lieutenant-général Vandamme fera battre la diane à deux heures et demie du matin ; à trois heures il mettra en marche son corps d'armée, et le dirigera sur Charleroi : la totalité de ses bagages et embarras seront parqués en arrière, et ne se mettront en marche qu'après que le sixième corps et la garde impériale auront passé ; ils seront sous les ordres du vaguemestre général, qui les réunira à ceux du sixième corps de la garde impériale et du grand quartier-général, et leur donnera des ordres de mouvement.

Chaque division du troisième corps d'armée aura avec elle sa batterie et ses ambulances ; toute autre voiture qui serait dans les rangs sera brûlée.

M. le comte de Lobau fera battre la diane à trois heures et demie, et il mettra en marche le sixième corps d'armée à quatre heures, pour suivre le mouvement du général Vandamme, et l'appuyer ; il fera observer le même ordre de marche pour les troupes, l'artillerie, les ambulances et les bagages, qui est prescrit au troisième corps.

Les bagages du sixième corps seront réunis à ceux du troisième, sous les ordres du vaguemestre général, ainsi qu'il est dit.

La jeune garde battra la diane à quatre heures et demie, et se mettra en marche à cinq heures; elle suivra le mouvement du sixième corps sur la route de Charleroi.

Les chasseurs à pied de la garde battront la diane à cinq heures, et se mettront en marche à cinq heures et demie, pour suivre le mouvement de la jeune garde.

Les grenadiers à pied de la garde battront la diane à cinq heures et demie, et partiront à six heures, pour suivre le mouvement des chasseurs à pied. Le même ordre de marche, pour l'artillerie, les ambulances et les bagages, prescrit pour le troisième corps d'infanterie, sera observé dans la garde impériale.

Les bagages de la garde seront réunis à ceux des troisième et sixième corps d'armée, sous les ordres du vaguemestre général, qui les fera mettre en mouvement.

M. le maréchal Grouchy fera monter à cheval, à cinq heures et demie du matin, celui des trois autres corps de cavalerie qui sera le plus près de la route, et lui fera suivre le mouvement sur Charleroi. Les deux autres corps partiront successivement à une heure d'intervalle l'un de l'autre; mais M. le maréchal Grouchy aura soin de faire marcher la cavalerie sur les chemins latéraux de la route principale que la colonne d'infanterie suivra, afin d'éviter l'encombrement, et aussi pour que sa cavalerie observe un meilleur ordre. Il prescrira que la totalité des bagages restent en arrière, parqués et réunis jusqu'au moment où le vaguemestre général leur donnera l'ordre d'avancer.

M. le comte Reille fera battre la diane à deux heures et demie du matin, et il mettra en marche le deuxième corps à trois heures; il le dirigera sur Marchiennes-au-Pont, où il fera en sorte d'être rendu avant neuf heures du matin; il fera garder tous les ponts de la Sambre, afin que personne ne passe. Les postes qu'il laissera seront successivement relevés par le premier corps; mais il doit tâcher de prévenir l'ennemi à ces ponts pour qu'ils ne soient pas détruits, sur-tout celui de Marchiennes, par lequel il sera probablement dans le cas de déboucher, et qu'il faudrait faire aussitôt réparer, s'il avait été endommagé.

A Thuin et à Marchiennes, ainsi que dans tous les villages sur sa route, M. le comte Reille interrogera les habitans, afin d'avoir des nouvelles des positions et forces des armées ennemies; il fera aussi prendre les lettres dans les bureaux de poste, et les dépouillera, pour faire parvenir aussitôt à l'empereur les renseignemens qu'il aura obtenus.

M. le comte d'Erlon mettra en marche le premier corps à trois heures du matin, et il le dirigera aussi sur Charleroi, en suivant le mouvement du deuxième corps, duquel il gagnera la gauche le plutôt possible, pour le soutenir et l'appuyer au besoin. Il tiendra une brigade de cavalerie en arrière, pour se couvrir et pour maintenir par de petits détachemens, ses communications avec Maubeuge ; il enverra des partis en avant de cette place, dans les directions de *Mons* et de *Binch*, jusqu'à la frontière, pour avoir des nouvelles des ennemis, et en rendre compte aussitôt. Ces partis auront soin de ne pas se compromettre et de ne point dépasser la frontière.

M. le comte d'Erlon fera occuper Thuin par une division ; et si le pont de cette ville était détruit, il le ferait aussitôt réparer, en même temps qu'il fera tracer et exécuter immédiatement une tête de pont sur la rive gauche. La division qui sera à Thuin gardera aussi le pont de l'abbaye d'*Alnes*, où M. le comte d'Erlon fera également construire une tête de pont sur la rive gauche.

Le même ordre de marche prescrit pour le troisième corps, pour l'artillerie, les ambulances et les bagages, sera observé aux deuxième et premier corps, qui feront réunir leurs bagages, et marcher à la gauche du premier corps, sous les ordres du vaguemestre le plus ancien.

Le quatrième corps (armée de la Moselle) a reçu ordre de prendre aujourd'hui position en avant de Philippeville : si son mouvement est opéré, et si les divisions qui composent ce corps d'armée sont réunies, M. le lieutenant-général Gérard les mettra en marche demain, à trois heures du matin, et les dirigera sur Charleroi (1); il aura soin de se tenir à hauteur du troisième corps, avec lequel il communiquera, afin d'arriver à-peu-près en même temps devant Charleroi. Mais le général Gérard fera éclairer sa droite et tous les débouchés qui vont sur Namur; il marchera serré en ordre de bataille, fera laisser à Philippeville tous ses bagages et embarras, afin que son corps d'armée, se trouvant plus léger, soit plus à même de manœuvrer.

Le général Gérard donnera ordre à la quatorzième division de cavalerie, qui a dû arriver aujourd'hui à Philippeville, de suivre le mouvement de son corps d'armée sur Charleroi, où cette division joindra le quatrième corps de cavalerie.

Les lieutenans-généraux Reille, Vandamme, Gérard et Pajol, se mettront en communication par de fréquens partis, et ils régleront leur marche de manière à arriver en masse et ensemble devant Charleroi; ils mettront, autant que possible, à l'avant-garde, les officiers qui parlent fla-

(1) Le général Gérard reçut plus tard un nouvel ordre qui lui prescrivit de passer, avec un corps, la Sambre au Châtelet.

mand, pour interroger les habitans et en prendre des renseignemens; mais ces officiers s'annonceront comme commandans de partis, sans dire que l'armée est en arrière.

Les lieutenans-généraux Reille, Vandamme et Gérard, feront marcher tous les sapeurs de leur corps d'armée (ayant avec eux des moyens pour réparer les ponts), après le premier régiment d'infanterie légère, et ils donneront ordre aux officiers du génie de faire réparer les mauvais passages, ouvrir des communications latérales, et placer des ponts sur les courans d'eau où l'infanterie devrait se mouiller pour les franchir.

Les marins, les sapeurs de la garde, et les sapeurs de la réserve, marcheront après le premier régiment du troisième corps; les lieutenans-généraux Rogniat et Haxo seront à leur tête : ils n'ameneront avec eux que deux ou trois voitures : le surplus du parc du génie marchera à la gauche du troisième corps. Si on rencontre l'ennemi, ces troupes ne seront point engagées, mais les généraux Rogniat et Haxo les emploieront aux travaux de passages de rivière, de têtes de pont, de réparations de chemin, et d'ouvertures de communication, etc. La cavalerie de la garde suivra le mouvement sur Charleroi, et partira à huit heures.

L'empereur sera à l'avant-garde sur la route de Charleroi. MM. les lieutenans généraux auront soin d'envoyer à sa majesté de fréquens rapports sur les mouvemens et les renseignemens qu'ils auront recueillis; ils sont prévenus que l'intention de sa majesté est d'avoir passé la Sambre avant midi, et de porter l'armée à la rive gauche de cette rivière.

L'équipage des ponts sera divisé en deux sections : la première section se subdivisera en trois parties, chacune de cinq pontons et cinq bateaux d'avant-garde, pour jeter trois ponts sur la Sambre; il y aura à chacune de ces subdivisions une compagnie de pontonniers; la première section marchera à la suite du parc du génie, après le troisième corps.

La deuxième section restera avec le parc de réserve d'artillerie, à la colonne des bagages; elle aura avec elle la quatrième compagnie de pontoniers; les équipages de l'empereur, et les bagages du grand quartier général seront réunis, et se mettront en marche à dix heures. Aussitôt qu'ils seront passés, le vaguemestre général fera partir les équipages de la garde impériale, du troisième corps, et du sixième corps; en même temps il enverra ordre à la colonne d'équipages de la réserve de la cavalerie, de se mettre en marche, et de suivre la direction que la cavalerie aura prise. Les ambulances de l'armée suivront le quartier-général, et marcheront à la tête des bagages; mais, dans aucun cas, ces bagages, ainsi que les parcs de réserve de l'artillerie, et la deuxième section de l'équipage de ponts, ne s'approcheront à plus de trois lieues de l'armée, à moins d'ordre du major général, et ils ne passeront la Sambre, aussi, que par ordre.

Le vaguemestre général formera des divisions de ces bagages, et il y mettra des officiers pour les commander, afin de pouvoir en détacher ce qui sera ensuite appelé au quartier-général, ou pour le service des officiers.

L'intendant-général fera réunir à cette colonne d'équipages la totalité des bagages et transports de l'administration, auxquels il sera assigné un rang dans la colonne. Les voitures qui seront en retard prendront la gauche, et ne pourront sortir du rang qui leur sera donné que par ordre du vaguemestre général.

L'empereur ordonne que toutes les voitures d'équipages qui seront trouvées dans les colonnes d'infanterie, de cavalerie ou d'artillerie, soient brûlées, ainsi que les voitures de la colonne des équipages qui quitteront leur rang et intervertiront leur marche sans la permission expresse du vaguemestre général.

A cet effet, il sera mis un détachement de cinquante gendarmes à la disposition du vaguemestre général, qui est responsable, ainsi que tous les officiers de la gendarmerie et les gendarmes, de l'exécution de ces dispositions, desquelles le succès de la campagne peut dépendre.

Par ordre de l'empereur,

Le maréchal d'empire, major-général,

Signé, duc de Dalmatie.

N°. VII.

(Extrait de la gazette de Londres, du 22 juin 1815.)

Rapport du duc de Wellington, adressé au comte Bathurst, principal secrétaire d'état de sa majesté, pour le département de la guerre.

Waterloo, 19 juin 1815.

Milord,

Napoléon ayant réuni, du 10 au 14 de ce mois, les premier, deuxième, troisième, quatrième, et sixième corps de l'armée française, ainsi que la garde impériale, et presque toute la cavalerie, sur la Sambre et sur le terrain situé entre cette rivière et la Meuse, s'avança le 15, à la pointe du

N°. III. — *Page* 170.

TABLEAU FAISANT CONNAITRE LA COMPOSITION ET LA FORCE DE L'ARMÉE FRANÇAISE DESTINÉE A AGIR EN FLANDRES, A L'ÉPOQUE DU 15 JUIN 1815.

DÉSIGNATION DES				FORCE DE CHAQUE DIVISION en					FORCE TOTALE DE CHAQUE CORPS en	
						Artillerie.				
Corps d'armée.	Commandans.	Divisions.	Commandans.	Infant.	Caval.	Artill.	Canons.		Hommes.	Can.
1er. Corps.	Gén. comte d'Erlong.	1re. division.	Gén. Alix	4,120	...	160	8			
		2e.	— Donzelot.	4,100	...	160	8			
		3e.	— Marcognet	4,000	...	160	8		 18,640	46
		4e.	— Durutte	4,000	...	160	8			
		1re. divis. caval.	— Jacquinot.	...	1,500	120	6			
		Réserve d'artillerie.		...	...	160	8			
2e. Corps.	Gén. comte Reille.	5e. Division.	Gén. Bachelu.	5,000	...	160	8			
		6e.	— Prince Jérôme.	6,100	...	160	8			
		7e.	— Girard.	5,000	...	160	8		 23,530	46
		9e.	— Foi.	5,000	...	160	8			
		2e. Divis. cav.	— Piré.	...	1,500	120	6			
		Réserve d'artillerie.		...	...	170	8			
3e. Corps.	Gén. comte Vandamme.	10e. Division.	Gén. Hubert.	4,430	...	160	8			
		11e.	— Berthezène.	4,300	...	160	8			
		8e.	— Lefol.	4,300	...	160	8		 15,290	38
		3e. Div. caval.	— Domont.	...	1,500	120	6			
		Réserve d'artilleric.		...	...	160	8			
4e. Corps.	Gén. comte Gérad.	12e. Division.	Gén. Pécheux.	4,000	...	160	8			
		13e.	— Vichery.	4,000	...	160	8			
		14e.	— Hulot.	4,000	...	160	8		 14,260	38
		6e. Div. caval.	— Morin.	...	1,500	120	6			
		Réserve d'artillerie.		...	...	160	8			
6e. Corp.	Gén. comte Lobau.	19e. Division.	Gén. Simmer.	3,500	...	170	8			
		20e.	— Jeannin.	3,500	...	160	8		 11,770	38
		21e.	— Teste.	4,000	...	160	8			
		Réserve d'artillerie.		...	...	286	14			
Garde impériale.		Jeune garde.	Gén. Duhesme.	3,800	...	320	16			
		Chasseurs.	— Morand.	4,250	...	320	16			
		Grenadiers.	— Friant	4,420	...	320	16		 18,520	96
		Caval. légère.	— Lefevre Desnouettes	...	2,120	240	12			
		Cav. de réserve.	— Guyot.	...	2,010	240	12			
		Art. de réserve.	— Devaux.	...	...	480	24			
Réserve de cavalerie, Maréchal Grouchy. 1er. corps	gén. comte Pajol.	4e. Division.	Gén. Soult.	...	1,280	120	6	2,760		
		5e.	— Subervick.	...	1,240	120	6			
2e. corps	gén. comte Excelmans.	9e.	— Strolz.	...	1,300	120	6	2,840		
		10e.	— Chastel.	...	1,300	120	6		11,290	48
3e. corps	gén. comte Kellermann	11e.	— L'Héritier.	...	1,310	120	6	2,850		
		12e.	— Roussel.	...	1,300	120	6			
4e. corps	gén. comte Milhaut.	13e.	— Wathier.	...	1,300	120	6	2,840		
		14e.	— Delort.	...	1,300	120	6			
			TOTAL.	85,820	20,460	7,020	350		113,300	
			Équipages de pont, sapeurs, etc.						2,200	
			Total général de l'armée.						115,500	350

N°. IV. — *Page* 170.

TABLEAU FAISANT CONNAITRE LES CORPS SOUS LES ORDRES DIRECTS DE L'EMPEREUR, LE 16 JUIN 1815; CEUX QUI ONT COMBATTU, ET LES PERTES QU'ILS ONT ÉPROUVÉES.

DÉSIGNATION DES		FORCE de chaque corps en				Total génér. par corps en		Emplacemens des corps le 16 juin.	Pertes en tués, blessés, etc, les 15 et 16 juin.	Total des présens le 17 au matin.	
Corps d'armée.	Divisions.	Infant.	Caval.	Artillerie. Hom.	Artillerie. Can.	Homm.	Can.			Homm.	Can.
Garde impériale	Div. de jeu. garde. g[l]. Duhesme	3,800	...	320	16	16,160	84	Entre Fleurus et le villa. de St.-Amand.	100	16,060	84
	Idem de moyenne garde	4,250	...	320	16						
	Idem de vieille garde	4,420	...	320	16						
	Id. de dra. et gren', gén. Cuyot.	...	2010	240	12						
	Réserve d'artillerie	...	...	480	24						
Détachement du 2e. corps.	Division du général Girard...	5,000	...	160	8	5,160	8	Sur la gauche de St.-Amand avait bivouaqué à Vagnies.	2,000	3,160	8
3e. Corps, gén. comte Vandamme	Div. Lefol, Berteuène et Hubert.	13030	...	480	24	15,290	38	Attaque le village de St.-Amand.	1,930	13,360	38
	Div. cavaler. général Dumont.	...	1500	120	6						
	Réserve d'artillerie	...	...	160	8						
4e. Corps, général comte Gérard...	Div. Pecheux, Vicheri et Hulot.	12000	...	480	24	14,260	38	Attaque le village de Ligni.	2,170	12,090	38
	Div. cavalerie, général Morin.	...	1500	120	6						
	Réserve d'artillerie	...	...	160	8						
6e. Corps, général comte Lobau...	Div. Simmer, Jeannin et Teste	11000	...	480	24	11,770	38	En réserve à Charleroi la plus grande partie du jour, n'est arrivé que lorsque la bataille était gagnée.	...	11,770	38
	Réserve d'artillerie	...	...	290	14						
Réserves de caval. mar. comte Grouchy. 1er. Corps, gén. comte Pajol.	Divisions Soult et Subervick.	...	2520	240	12	2,760	12	Vis-à-vis le village de Sombref.	250	2,510	12
2e. *id.* gén. comte Excelmans.	Divisions Stroltz et Chastel..	...	2600	240	12	2,840	12	*Idem*	250	2,590	12
4e. *id.* gén. comte Milhaut.	Div. de cuir. Vathier et Delort	...	2600	240	12	2,840	12	*Idem*	100	2,740	12
		53500	12730	4850	242	71,080	242		6,800	64,280	242

RÉCAPITALATION GÉNÉRALE.

		Hommes.		Canons.	
Total des troupes sont les ordres directs de l'empereur, le 16 juin..	qui ont combattu à Ligni....	59,310	avec	204	71,080 hommes et 242 canons.
	qui sont restés en réserve.....	11,770	...	38	
	Pertes essuyées le 15 et le 16..........	6,800			
	Présens sous les armes, le 17 au matin....	64,280 hommes.		242 canons	

TABLEAU FAISANT CONNAITRE LES CORPS SOUS LES ORDRES DU MARÉCHAL NEY, LE 16 JUIN 1815; CEUX QUI ONT COMBATTU, ET LES PERTES QU'ILS ONT ÉPROUVÉES.

DÉSIGNATION DES			FORCE de chaque corps en				Total géné. par corps en		Pertes en tués et blessés le 16.	Total des présens sous les armes le 17 au matin.	OBSERVATIONS.
CORPS D'ARMÉE.		DIVISIONS.	Infant.	Caval.	Artillerie. Homm.	Artillerie. Can.	Homm.	Can.			
Corps qui ont combattu aux Quatre-Bras.	2e. Corps, gén. Reille.	3 Div. d'inf. Foi, Prince, Jérôme, Bachelu.	16,100	. . . .	490	24	18,370	38	3,720	14.650	La 4e. division de ce corps était détachée vers St.-Amand.
		1 Div. de cav. gén. Piré.	. . . .	1,500	120	6					
		Réserve d'artillerie.	. . . .	. . . .	160	8					
	Cuirass. de Kellermann.	2 Divisions de cuirassiers, L'Héritier, Roussel. . . .	. . . .	2,610	240	12	2,850	12	300	2,550	Une des divisions de cuirassiers n'est accourue de Frasnes qu'à la fin du combat.
	1er. Corps, gén. d'Erlong.	1 Div. de cavalerie, gén. Jacqueminot.	. . . .	1,500	120	6	1,620	6	120	1,500	
Corps laissés en arrière, et qui n'ont pas combattu aux Quatre-Bras. . .	1er. Corps, gén. d'Erlong.	4 Div. d'inf. Alix, Donzelot, Marcognet et Durutte.	16,220	. . . .	640	32	17,020	40	. . . .	17.020	Le 1er. corps s'est porté de Frasnes sur St.-Amand, et est ensuite retourné sur Frasnes: il ne s'est battu ni à Ligni ni aux Quatre-Bras.
		Réserve d'Artillerie. . . .	. . . .	. . . .	160	8					
	Garde impériale.	Div. de caval. gén. Lefèvre-Desnouettes.	. . . .	2,100	240	12	2,340	12	. . . .	2,340	
		TOTAUX.	32,320	7,710	2,170	108	42,200	108	4,140	38,060	

RÉCAPILULATION GÉNÉRALE.

		Hommes.	Canons.	
Total des troupes sous les ordres du maréchal Ney, le 16 juin. . .	qui ont combattu aux Quatre-Bras	22,840 avec	56	42,200 hommes et 108 canons.
	qui ont été laissés en arrière. . . .	19,360	52	
	Pertes essuyées le 16.			4,140
	Présens sous les armes le 17 au matin. . . .			38,060 hommes avec 108 can.

N°. VI. *Page* 170.

TABLEAU FAISANT CONNAITRE APPROXIMATIVEMENT LA FORCE DE L'ARMÉE ANGLO-HOLLANDAISE, SOUS LES ORDRES DU DUC DE WELLINGTON, A L'ÉPOQUE DU 14 JUIN 1815.

CORPS.	DIVISIONS.	COMMANDANS.	BRIGADES.	COMMANDANS.	RÉGIMENS.	TOTAL par Brigade.
1er. Corps d'armée, commandé par le prince d'Orange.	1re. Anglaise..	Major-gén. Cooke.	1re. Anglaise.............	Major-gén. Maitland...	1er. des Gardes, 2e. bataill. Idem.......... 3e. *idem*...	2,000
			2e. *Idem*.................	Major-gén. Byng......	2e. des Gardes, 2e. bataill... 3e. *Idem*...... *idem*.......	2,000
	3e. *Idem*......	Lieut.-gén. Alten..	5e. *Idem*.................	Major-général Halket..	30e., 33e., 69e., 73e........	3,200
			2e. de la Légion Allemande.	Colonel Ompteda......	5e., 8e., 1er., 2e. légers....	3,000
			1re. Hanovrienne..........	Major-gén. Kielmanseg.	Duc d'Yorck, Grugenhagen, Bremen, Luneberg, Verden.	3,600
	1re. Hollandaise	Lieut.-gén. Chassé.	Hollandaise..............	Major-gén. R..........	....	3,800
			Idem....................	*Idem*.................	....	3,600
	2e. *Idem*......	Lt.-gén. Perponcher.	*Idem*....................	Major-gén. Van Byland.	....	4,000
			De Nassau................	Prince Bernard........	Nassau, Orange, etc......	4,000
	3e. *Idem*......	Lieut.-gén. Collaert.	Hollandaise..............	Major-gén. N..........	....	3,800
			Idem....................	*Idem*.................	....	3,400
2e. Corps d'armée, commandé par lord Hill.	2e. Anglaise...	Lieut.-gén Clinton.	3e. Anglaise..............	Major-gén. Adams	52e., 71e., 95e., (1er. et 2e. bat)	3,200
			1re. de la Légion Allemande.	Colonel du Plat	1er., 2e., 3e. et 4e.........	3,100
			3e. Hanovrienne..........	Colonel Halket	Bremen, Vorde, Salzgitter, 2e. et 3e. bataill. Duc d'Yorck.	3,400
	4e. *Idem*......	Lieut.-gén. Colville.	4e. Anglaise..............	Colonel Mitchel	14e., 23e., 51e...........	2,600
			6e. *Idem*.................	Major-gén. Johnstone..	35e., 54e., 59e., 91e.......	3,200
			6e. Hanovrienne..........	Major-gén. Lyon	Calemberg, Lauenberg, Hoya, Niembourg, Bentheim.....	3,500
	5e. *Idem*......	Lieut.-gén. Picton.	8e. Anglaise..............	Major-gén. Kempt	28e., 32e., 79e., 95e.......	3,400
			9e.......................	Major-gén. Pack	1er., 42e., 44e., 92e.......	3,200
			5e. Hanovrienne..........	Colonel Vincke	Hameln, Hildesheim, Peina, Giffhorn.............	3,100
	6e. *Idem*......	Lieut.-gén. Cole..	10e. Anglaise.............	Major-gén. Lambert ...	4e., 27e., 40e., 81e........	3,200
			4e. Hanovrienne..........	Colonel Best	Luneberg, Verden, Ostérode, Munden............	3.300
			7e. Anglaise..............	Major-gén. M. Kensie..	25e., 37e., 79e...........	2,300
	1re. Etrangère.	Duc de Brunswick.	Brunsvickoise............	....	....	5,500
Cavalerie commandée par lord Udbridge.			1re. Anglaise.............	Major-gén. lord Somerset	1er. et 2e. Gardes-du-Corps, 1er., dragons-gardes.... Garde royale à cheval...	1,600
			2e.......................	Major-gén. Ponsonby..	1er., 2e., 3e. dragons......	1,500
			3e.......................	Major-gén. Domeberg..	1er., 2e., 3e. dragons légers.	1,600
			4e.......................	Major-gén. Vandeleur..	1er., 12e., 16e. *idem*	1,600
			5e.......................	Major-gén. Grant.	2e., 7e., 15e. hussards....	1,400
			6e.......................	Major-gén. Vivian.....	1er., 10e., 18e. *idem*......	1,600
			7e.......................	Colonel Areuschilt.....	3e. hussards. 13e. dragons lég.	1,000
			1re. Hanovrienne..........	Colonel Estorff.......	Prince régent, Bremen, Verden, hussards..........	1,200
			1re. Hollandaise..........	Colonel Grigni.......	1er., 2e., 3e. carabiniers...	1,500
			2e. *Idem*.................	Colonel Van Merlen..	1er., 2e., 3e. hussards.....	1,600
			1re. Brunswickoise........	.... N............	Lanciers et dragons......	900

	TOTAL de l'Infanterie et de la Cavalerie.........	95,000
Colonel Wood. — Artillerie.	Anglais, — 30 brigades, 6 canons chaque. Total 180 canons....................	4,500
	Hollandaise, belge, etc.................. 78	2,000
Colonel Smidt. — Génie....	Sapeurs, mineurs, etc....................................	1,000
	TOTAL GÉNÉRAL.....	102,500 hommes et 258 canons.

RÉCAPITULATION GÉNÉRALE.

Infanterie..............	79,500 hommes.	
Cavalerie...............	15,600	
Artillerie, génie, etc....	7,500 .... et	258 canons.
TOTAL...............	102,500 hommes, et	258 canons.

..	30e., 33e., 69e., 73e.	3,200
.	5e., 8e., 1er., 2e. légers.....	3,000
eg.	Duc d'Yorck, Grugenhagen. Bremen, Luneberg, Verden.	3,600
...	....	3,800
..	....	3,600
nd.	....	4,000
...	Nassau, Orange, etc......	4,000
...	....	3,800
..	....	3,400
..	52e., 71e., 95e., (1er. et 2e. bat.)	3,200
..	1er., 2e., 3e. et 4e........	3,100
..	Bremen, Vorde, Salzgitter, 2e. et 3e. bataill. Duc d'Yorck.	3,400
..	14e., 23e., 51e...........	2,600
..	35e., 54e., 59e., 91e......	3,200
..	Calemberg, Lauenberg, Hoya, Niembourg, Bentheim....	3,500
..	28e., 32e., 79e., 95e......	3,400
..	1er., 42e., 44e., 92e.......	3,200
..	Hamelu, Hildesheim, Peina, Giffhorn...............	3,100
..	4e., 27e., 40e., 81e.......	3,200
..	Luneberg, Verden, Ostérode, Munden............	3.300
ie..	25e., 37e., 79e...........	2,300
...	....	5,500
rset	1er. et 2e. Gardes-du-Corps, 1er., dragons-gardes..... Garde royale à cheval....	1,600
y..	1er., 2e., 3e. dragons......	1,500
rg..	1er., 2e., 3e. dragons légers.	1,600
ır..	1er., 12e., 16e. *idem*	1,600
...	2e., 7e., 15e. hussards.....	1,400
...	1er., 10e., 18e. *idem*.......	1,600
...	3e. hussards. 13e. dragons lég.	1,000
...	Prince régent, Bremen, Verden, hussards............	1,200
...	1er., 2e., 3e. carabiniers....	1,500
...	1er., 2e., 3e. hussards.....	1,600
...	Lanciers et dragons.......	900

nterie et de la Cavalerie.......... 95,000
180 canons.......................... 4,500
78 2,000
.... 1,000

TOTAL GÉNÉRAL..... 102,500 hommes,
et 258 canons,

jour, et attaqua les postes prussiens établis à Thuin et à Lobez, sur la Sambre.

Je ne connus ces événemens que dans la soirée du 15; et sur-le-champ, je donnai l'ordre aux troupes de se préparer à marcher; ensuite, je les fis diriger contre la gauche de l'ennemi, aussitôt que j'eus appris que son mouvement s'opérait sur Charleroi.

L'ennemi chassa, ce jour-là, les postes prussiens de leurs positions sur la Sambre. Le géneral Ziéthen, qui commandait le corps de troupes établi à Charleroi, se retira sur Fleurus. Le maréchal prince Blucher concentra l'armée prussienne sur Sombref, occupant les villages de Saint-Amand et de Ligni, situés en face de sa position.

L'ennemi continua sa marche sur la route de Charleroi à Bruxelles, et dans la soirée du même jour, le 15, il attaqua une brigade de l'armée hollandaise, sous le commandement du prince de Weimar, laquelle était postée à Frasnes, et il la força de se retirer jusqu'à la ferme nommée les Quatre-Bras, située sur le chemin.

Le prince d'Orange la renforça de suite d'une autre brigade de la même division, commandée par le général Perponcher, et, le lendemain matin de bonne heure il reprit le terrain qu'il avait perdu; ce qui le rendit maître des communications avec la position du maréchal Blucher, par Nivelles et Bruxelles.

Dans l'intervalle, j'avais fait marcher toute l'armée sur les Quatre-Bras, et la division aux ordres du lieutenant général Picton arriva à deux heures et demie du soir, suivie du corps de troupes du duc de Brunswick, et ensuite du contingent de Nassau.

En même temps, l'ennemi commença à attaquer, avec toutes ses forces, le prince Blucher, à l'exception des premier et deuxième corps, et d'un corps de cavalerie du général Kellermann, qui attaqua notre position aux Quatre-Bras.

L'armée prussienne conserva sa position avec sa bravoure et sa persévérance accoutumées, malgré la grande disparité des forces, le quatrième corps, sous les ordres du général Bulow, n'ayant point encore rejoint; il me fut impossible de lui donner du renfort, comme je le désirais, étant attaqué moi-même, et les troupes, surtout la cavalerie, qui avaient une longue marche à faire pour me joindre, n'étant point encore arrivées.

Nous conservâmes aussi notre position, et repoussâmes les efforts que fit l'ennemi pour s'en rendre maître. Il nous attaqua à plusieurs reprises avec des corps nombreux d'infanterie et de cavalerie, soutenus par une artillerie formidable, fit plusieurs charges de cavalerie sur notre infanterie, et fut toujours repoussé avec la plus grande vigueur. Dans cette affaire, S. A. R. le prince d'Orange, le duc de Brunswick, le lieutenant général Thomas Picton, le major général sir James Kempt, et sir Denis Pach, qui se trouvèrent engagés depuis le commencement de l'affaire, se distinguèrent, ainsi que les lieutenant général baron Alten, major Halken, lieutenant général Cooke, majors généraux Maitland et Bing, à mesure qu'ils arrivèrent successivement. Les troupes de la cinquième division et celles du corps de Brunswick furent engagées pendant long-temps, et se conduisirent avec la plus grande bravoure, surtout les 28e., 42e., 79e., 92e., ainsi que le bataillon d'Hanôvriens.

Notre perte a été considérable, comme votre seigneurie le verra par les états que j'envoie. J'ai particulierement à regretter S. A. S. le duc de Brunswick, qui a été tué en combattant vaillamment à la tête de ses troupes.

Quoique le maréchal Blucher eût conservé sa position à Sombref, il se trouva si affaibli par la violence du combat qu'il avait eu à soutenir, qu'il se détermina, lorsqu'il vit que le quatrième corps n'arrivait pas, à reculer et à concentrer son armée sur Wavres. Il se mit en marche dans la nuit après que l'affaire fut finie.

Ce mouvement du maréchal m'obligea à en faire un correspondant, et je me retirai de la ferme des *Quatre-Bras*, sur Gennape, et le lendemain 17, à dix heures du matin, je me portai sur Waterloo.

L'ennemi ne fit aucun mouvement pour poursuivre le maréchal Blucher; au contraire, une patrouille que j'envoyai dans la matinée à Sombref, trouva tout tranquille, et les vedettes de l'ennemi se retirèrent à l'approche de la patrouille. L'ennemi ne fit non plus aucune tentative pour inquiéter notre arrière-garde, quoique notre retraite s'opérât en plein jour : il se contenta de faire suivre par un gros corps de cavalerie, tiré de son aile droite, la cavalerie sous les ordres du comte d'Uxbridge; ce qui fournit l'occasion à lord Uxbridge de faire une charge à la tête du premier régiment des gardes, au moment où l'ennemi débouchait du village de Gennape; sa seigneurie se loue de la conduite de ce régiment dans cette occasion.

La position que je pris en avant de Waterloo coupait les grandes routes de Charleroi et de Nivelles, et était appuyée sur la droite à un ravin près Merke-Braine, qui fut occupé : la gauche s'étendait à une hauteur qui couronne le hameau Ter-la-Haie, qui fut également occupé. En tête, la droite de notre centre, et près la route de Nivelles, nous occupions la maison et le jardin de Hougoumont; ce qui, de ce côté, couvrait notre flanc; en tête de notre centre, sur la gauche, nous occupions la ferme de la Haie-Sainte. Par notre gauche, nous communiquions par Ohaim avec le maréchal prince Blucher, qui se trouvait à Wavres. Ce maréchal m'avait promis, dans le cas où nous serions attaqués, de me soutenir par un ou plusieurs de ses corps, selon que cela serait jugé nécessaire.

Dans la nuit du 17, et dans la matinée d'hier, l'ennemi rassembla toute son armée, à l'exception du troisième corps, qui fut envoyé pour observer le maréchal Blucher, sur une chaîne de hauteurs qui nous faisaient face, et vers les dix heures, il attaqua, avec la plus grande vigueur, notre poste à Hougoumont. J'avais fait occuper ce poste par un détachement de la brigade des gardes, sous les ordres du général Bing, qui se tint en position en arrière. Ce poste fut pendant quelque temps sous les ordres du lieutenant-colonel Macdonald, et ensuite sous ceux du colonel Home; et il m'est agréable de pouvoir ajouter que, pendant toute la journée il fut maintenu avec la plus grande intrépidité par ces braves troupes, nonobstant les efforts répétés de l'ennemi pour s'en emparer.

Cette attaque sur la droite de notre centre fut accompagnée d'une forte canonnade sur toute notre ligne, dont l'objet était de soutenir les charges de cavalerie et d'infanterie faites à plusieurs reprises, tantôt simultanément, tantôt l'une après l'autre. Dans une de ces charges, l'ennemi enleva la ferme de la Haie-Sainte, le détachement d'infanterie légère à qui la garde en était confiée, ayant épuisé toutes ses munitions, et ne pouvant en recevoir, parce que l'ennemi occupait la seule communication que nous avions sur ce point.

L'ennemi chargea à plusieurs reprises notre infanterie avec sa cavalerie, mais ce fut sans succès, et il ne fit par-là que fournir à notre cavalerie l'occasion de faire plusieurs charges brillantes, dans lesquelles se sont particulièrement distinguées la brigade de lord E. Sommerset, composée des gardes-du-corps, des gardes-royaux, et du premier régiment de dragons de la garde, et celle du major-général sir N. Ponsonby, qui se sont emparées de plusieurs aigles, et ont fait un grand nombre de prisonniers.

Ces attaques furent répétées jusqu'à environ sept heures du soir, que l'ennemi fit une attaque désespérée avec sa cavalerie et son infanterie, soutenues par le feu de l'artillerie, pour forcer la gauche de notre centre, près de la ferme de la Haie-Sainte. Après un combat obstiné il fut défait; et ayant remarqué que ses troupes se retiraient dans une grande confusion, et que le corps de Bulow avait commencé à marcher par Frischemont sur Planchenoit et la Belle-Alliance, dès que je pus apercevoir le feu de ses canons, et que le maréchal Blucher avait joint en personne avec un corps de son armée la gauche de notre ligne par Ohain, je me décidai à attaquer l'ennemi, et fis avancer toute la ligne d'infanterie, soutenue par la cavalerie et l'artillerie.

L'attaque réussit complètement sur tous les points; l'ennemi fut chassé de sa position sur les hauteurs, et se retira dans la plus grande confusion, laissant derrière lui, autant que j'en puis juger, cent cinquante pièces de canon avec leurs munitions, qui tombèrent entre nos mains. Je continuai à le poursuivre long-temps après la chute du jour, et ne cessai qu'à raison de la fatigue de nos troupes, qui combattaient depuis douze heures, et de ce que le maréchal Blucher, avec qui je me trouvai sur la même route, m'assura qu'il poursuivrait l'ennemi toute la nuit. Il m'a fait savoir ce matin qu'il avait pris soixante pièces de canon de la garde impériale, et plusieurs voitures, bagages, etc., de Napoléon, qui se trouvaient à Gennappe.

Je me propose de marcher ce matin sur Nivelle, et de ne pas discontinuer mes opérations.

Votre seigneurie remarquera qu'une affaire aussi désespérée, et de tels avantages, ne peuvent avoir eu lieu sans une grande perte, et j'ai la douleur d'ajouter que la nôtre a été immense. S. M. a perdu, dans le lieutenant-général Thomas Picton, un officier qui s'était distingué fort souvent à son service : il est mort glorieusement, en conduisant sa division à une charge à la baïonnette, par laquelle une des plus sérieuses attaques faites par l'ennemi sur notre position a été repoussée.

Le comte d'Uxbridge, après avoir, toute la journée, combattu avec succès, a reçu une blessure presque au dernier coup de canon qui a été tiré, et je crains que S. M. ne soit privée pour quelque temps de ses services.

S. A. R. le prince d'Orange s'est distingué par sa bravoure, jusqu'à ce qu'il ait été blessé à l'épaule d'une balle de fusil, ce qui l'a obligé à quitter le champ de bataille.

J'ai la satisfaction d'assurer V. S. que l'armée ne s'est mieux conduite dans aucune occasion. La division des gardes du lieutenant-général Cooke, qui est grièvement blessé ; les majors-généraux Maitland et Bing ont donné un exemple qui a été suivi partout, et il n'y a point d'officier ni de corps de toute arme qui ne se soient bien conduits.

Je dois pourtant recommander particulièrement à l'attention de S. A. R. le lieutenant général Henry Clinton, le major-général Adam, le lieutenant-général Charles baron Alten, grièvement blessé, ainsi que le major-général Colin Halket; les colonels Ompteda, Mitchell, qui commandait une brigade de la quatrième division; les majors-généraux James Kempt et Denis Pack, Lambert, lord Sommerset, sir William Ponsonby, Charles Grant, H. Vivian, O. Vandeleur, et comte Dornberg. Je dois aussi beaucoup dans cette occasion, comme dans toutes les autres, au secours du général lord Hill.

L'artillerie et le génie ont été dirigés à ma satisfaction par les colonels sir G. Wood et Smyth, et j'ai tout lieu d'être content de la conduite du lieutenant-général Barnes, qui a été blessé, et du quartier-général du colonel Delancey, qui a été tué par un boulet dans le milieu de l'affaire. La perte de cet officier est en ce moment fort à regretter pour le service de S. M., ainsi que pour moi en particulier. Je dois aussi beaucoup au courage du lieutenant-colonel lord Fitzroy Sommerset, qui a été grièvement blessé, ainsi qu'aux officiers de mon état-major, qui ont beaucoup souffert dans l'affaire. Le lieutenant-colonel sir Alex. Gordon, qui est mort de ses blessures, était un officier de la plus grande espérance.

Le général Krusse, au service de Nassau, s'est également conduit à ma satisfaction, ainsi que le général Trip, commandant la brigade de grosse cavalerie, et le général Vanhope, commandant une brigade d'infanterie du roi des Pays-Bas.

Les généraux Pozzo di Borgo, Vincent, Mufflin et Alosa, ont assisté à toute l'affaire et m'ont rendu tous les services qui étaient en leur pouvoir. Le général Vincent est blessé légèrement, et le général Pozzo di Borgo a reçu une contusion.

Je dois rendre justice au maréchal Blucher et à l'armée prussienne, en attribuant l'heureux résultat de cette terrible journée aux secours qu'ils m'ont donnés à propos, et avec la plus grande cordialité.

Le mouvement du général Bulow sur les flancs de l'ennemi a été décisif; et si je ne m'étais pas trouvé moi-même en position de faire l'attaque qui a décidé de l'affaire, il aurait forcé les Français à se retirer si leurs attaques n'avaient pas réussi, et les aurait au moins empêché d'en tirer aucun fruit, si elles avaient eu du succès.

J'envoie, avec cette dépêche, deux aigles que nos troupes ont prises dans l'affaire, et que le major Percy aura l'honneur de mettre aux pieds de son altesse royale.

Je prends la liberté de le recommander à la protection de votre seigneurie.

J'ai l'honneur, etc.

Signé WELINGTON.

P. S. J'ai appris, depuis que ma lettre est écrite, que le major-général sir W. Ponsouby a été tué ; et, en annonçant cette fâcheuse nouvelle à votre seigneurie, je dois lui exprimer la douleur que je ressens de la perte d'un officier qui avait déjà rendu de si brillans et importans services, et qui faisait honneur à sa profession.

Deuxième Post-scriptum. Je n'ai pas encore reçu les listes des tués et des blessés, mais je mets ici celles des officiers tués et blessés dans les deux journées, et j'ajoute avec plaisir que le colonel Delancey n'est point mort, mais qu'on espère beaucoup de sa guérison.

Officiers anglais tués.

Le duc de Brunswick-Oels ;
Le lieutenant-général Thomas Picton ;
Quatre colonels, quatre lieutenans-colonels ;
Sept majors, treize capitaines, deux lieutenans, deux enseignes.

Blessés.

S. A. R. le prince d'Orange, grièvement;

Le lieutenant-général comte d'Uxbridge, la jambe gauche amputée;

Le lieutenant-général Charles Alten, grièvement;

Six majors-généraux, cinq colonels, dix-sept lieutenans-colonels, treize majors, onze capitaines, vingt-trois lieutenans.

N°. VIII.

(Extrait de la gazette de la Cour, du 1er juillet 1815.)

Lettre du duc de Wellington au comte Bathurst, datée d'Orville, le 29 juin.

MILORD,

CONNAISSANT l'anxiété avec laquelle on attend en Angleterre les états des tués et des blessés dans les dernières batailles, je vous envoie ci-joint les listes des officiers, et j'espère être à même de vous envoyer ce soir les états des bas-officiers et soldats. Le montant des bas-officiers et soldats anglais et hanovriens tués, blessés et manquans, est entre douze et treize mille hommes.

Votre seigneurie verra dans la liste incluse les noms de quelques officiers du plus grand mérite, que le service de sa majesté a perdus : je ne puis pas ne point vous faire remarquer dans le nombre le colonel Cameron, du quatre-vingt-douzième (écossais), et le colonel sir H. Ellis, du vingt-troisième, sur la conduite desquels j'ai souvent appelé l'attention de votre seigneurie, et qui, à la fin, ont mis le sceau à leur gloire en succombant à la tête des braves troupes qu'ils commandaient.

Malgré la gloire acquise en cette occasion, il est impossible de ne pas regretter de tels hommes, soit à cause du public, soit comme amis.

J'ai l'honneur, etc.

WELLINGTON.

État des tués, blessés, etc.,

LE 16 JUIN.

Anglais.

Tués : 1 officier du grand état-major, 1 lieutenant-colonel, 4 capitaines, 11 lieutenans, 9 enseignes, 1 officier d'état-major, 17 sergens, 3 tambours, 269 hommes, 19 chevaux.

Total des hommes. 316

Blessés : 4 lieutenans-colonels, 7 majors, 36 capitaines, 68 lieutenans, 23 ensei-

D'autre part. 316

gnes, 4 officiers d'état-major, 100 sergens, 6 tambours, 1909 soldats, 14 chevaux.

Total des hommes 2130

Manquans : 1 capitaine, 2 sergens, 2 tambours, 27 soldats.

Total des hommes. 34

Hanovriens.

Tués : 2 lieutenans, 2 sergens, 1 tambour, 29 soldats.

Total. 32

Blessés : 3 capitaines, 6 lieutenans, 5 enseignes, 11 sergens, 198 soldats.

Total. 233

Manquans : 1 capitaine, 2 enseignes, 4 sergens, 142 hommes. 149

Total général. 2884

dont 350 tués, 2,353 blessés, 181 manquans.

LE 17 JUIN.

Anglais.

Tués : 1 lieutenant, 1 sergent, 54 soldats. 56

Blessés : 1 capitaine, 2 lieutenans, 8 sergens, 41 soldats. 52

Manquans : 1 major, 2 capitaines, 1 lieutenant, 2 sergens, 1 tambour, 30 soldats. 37

Hanovriens.

Tués : 9 soldats. 9

Blessés : 1 major, 1 capitaine, 2 enseignes,

Ci-contre.	154
5 sergens, 71 soldats.	80
Manquans : 1 tambour, 1 serg., 32 hom.	34
Total général.	268

dont 65 tués, 132 blessés, 71 manquans.

LE 18 JUIN.

Anglais.

Tués : 2 généraux, 1 colonel, 3 lieutenans-colonels, 6 majors, 46 capitaines, 26 lieutenans, 19 enseignes ou cornettes, 5 officiers d'état-major, 2 quartiers-maîtres, 100 sergens, 13 tambours, 1,536 soldats, 1,426 chevaux.
Total des hommes. 1,759

Blessés : 10 généraux. 4 colonels, 21 lieutenans-colonels, 28 majors, 107 capitaines, 202 lieutenans, 47 enseignes ou cornettes, 17 officiers d'état-major, 3 quartiers-maîtres, 330 sergens, 36 tambours, 5,087 soldats, 86 chevaux.
Total des hommes. 5,792

Manquans : 1 lieutenant, 1 colonel, 4 capitaines, 5 lieutenans, 2 cornettes, 17 sergens, 15 tambours, 763 soldats, 762 chevaux.
Total des hommes. 807

8,358

Hanovriens.

Tués : 1 lieutenant-colonel, 2 capitaines, 2 lieutenans, 3 cornettes, 7 sergens, 273 hommes. 288

Blessés : 2 lieutenans-colonels, 10 majors, 15 capitaines, 26 lieutenans, 13 ensei-

D'autre part.	8,646
gnes ou cornettes, 2 officiers d'état-major, 31 sergens, 11 tambours, 1,014 soldats.	1,124
Manquans : 1 major, 1 lieutenant, 1 enseigne, 5 officiers d'état-major, 12 sergens, 17 tambours, 779 soldats.	816
Total.	10,586

dont 2,407 tués, 6,916 blessés, et 1,623 manquans.

Récapitulation générale.

Tués : les 16, 17 et 18 juin.	2,462
Blessés : idem	9,401
Manquans	1,875
Total.	13,738 hommes.

Le nombre des chevaux tués est d'environ 3,500.

N°. IX.

Rapport des opérations de l'armée prussienne du Bas-Rhin.

C'est le 15 de ce mois que Napoléon, après avoir réuni, le 14, cinq corps de son armée, et plusieurs corps de sa garde entre Maubeuge et Beaumont, a commencé les hostilités. Les points de concentration des quatre corps prussiens étaient Fleurus, Namur, Ciney et Hannut, ce qui permettait d'unir l'armée sur l'un de ces points en vingt-quatre heures.

Le 15, Napoléon s'avança par Thuin sur

les deux rives de la Sambre contre Charleroi. Le général Ziéthen avait réuni le premier corps près Fleurus, et eut ce jour une action très-vive avec l'ennemi, qui, après avoir pris Charleroi, marchait sur Fleurus. Le général Ziéthen se maintint dans sa position près cette ville.

Le feld-maréchal Blucher ayant l'intention de donner une grande bataille à l'ennemi aussitôt qu'il lui serait possible, dirigea les trois autres corps de l'armée prussienne sur Sombref, à une lieue et demie de Fleurus. Les deuxième et troisième corps sont arrivés le 15; le quatrième corps n'y parvint que le 16.

Lord Wellington rassembla son armée entre Ath et Nivelles, ce qui le mettait en état d'appuyer le feld-maréchal Blucher, dans le cas où la bataille aurait lieu le 15.

Bataille de Ligny.

Le 16 juin.

L'armée prussienne était postée sur les hauteurs entre Brie et Sombref; et, autour de cette dernière place, elle occupait en grande force les villages de Saint-Amand et Ligni situés sur son front. A ce moment, il n'y avoit encore que trois corps de l'armée réunis. Le quatrième, qui était stationné entre Liége et Hannut, avait été retardé dans sa marche par plusieurs circonstances, et n'avait pu rejoindre. Néanmoins, le feld-maréchal Blucher résolut de donner bataille; lord Wellington ayant déjà mis en mouvement, pour le soutenir, une forte colonne de son armée, ainsi que toute sa réserve stationnée dans les environs de Bruxelles, et le quatrième corps prussien étant sur le point d'arriver.

La bataille commença à trois heures après midi. L'ennemi déploya 130,000 hommes. L'armée prussienne était forte de 80,000 hommes. Le village de Saint-Amand fut le point qu'attaqua d'abord l'ennemi, qui s'en empara après une vigoureuse résistance. Il dirigea ensuite tous ses efforts contre Ligni. C'est un grand village, solidement bâti et situé sur un ruisseau du même nom. Là commença un combat qui peut être considéré comme un des plus acharnés dont l'histoire fasse mention. Des villages ont été pris et repris plusieurs fois; mais là, la bataille se donna pendant cinq heures dans le village même, et les mouvemens au-dessus et au-dessous eurent lieu sur un très-petit espace de terrain.

De chaque côté, des troupes fraîches arrivaient continuellement. Chaque armée avait, derrière la partie du village qu'elle occupait, de grandes masses d'infanterie qui entretenaient le combat, et étaient continuellement renouvelées par des renforts qu'elles recevaient de leurs derrières et des hauteurs de droite et de gauche. Environ deux cents bouches à feu tiraient de chaque côté sur le village, où le feu se manifesta plusieurs fois en différens endroits. De temps en temps l'engagement s'étendait à toute la ligne, l'ennemi ayant engagé des troupes avec le troisième corps ; mais le fort du combat avait toujours lieu à Ligni. Les affaires semblaient prendre une tournure favorable pour les troupes prussiennes, une partie du village de Saint-Amand ayant été reprise par un bataillon que commandait le feld-maréchal en personne, avantage qui avait permis de reprendre la hauteur abandonnée après la perte de Saint-Amand. Cependant, le combat continuait à Ligni avec la même furie. L'issue semblait dépendre de l'arrivée des troupes anglaises ou de celles du quatrième corps prussien. En effet, l'arrivée de cette division aurait donné au feld-maréchal les moyens de faire immédiatement, avec son aile droite, une attaque dont on devait attendre un grand succès. Mais on apprit que la division anglaise, destinée à nous appuyer, était violemment attaquée par un corps de l'armée française, et qu'elle ne se maintenait qu'avec une extrême difficulté dans sa position aux Quatre-Bras. Le quatrième corps prussien n'avait pas paru, en sorte que nous fûmes forcés de soutenir seuls l'engagement avec un ennemi très-supérieur en nombre.

La soirée était déjà très-avancée, que le combat continuait à Ligni avec la même fureur et des succès également balancés. Nous demandâmes, mais en vain, les secours qui nous étaient nécessaires. Le danger devenait d'heure en heure plus urgent; toutes les divisions étaient engagées ou l'avaient été, et il n'y avait aucun corps qui pût nous appuyer. Tout-à-coup une division d'infanterie ennemie, qui, à la faveur de la nuit, avait tourné le village sans être remarquée, et quelques régimens de cuirassiers qui avaient forcé le passage sur l'autre côté, prirent à revers le corps principal de nos troupes, qui était posté derrière les maisons. Cette surprise de la part de l'ennemi fut décisive, spécialement au moment où notre cavalerie, postée aussi derrière les maisons, avait été repoussée par celle de l'ennemi dans plusieurs attaques répétées.

Notre infanterie qui était derrière Ligni, ne se laissa pas décourager, quoiqu'elle fût surprise dans les ténèbres, circonstance qui accroît l'idée du danger dans l'esprit des hommes, et quoiqu'elle eût l'idée qu'elle était entourée de tous côtés. Elle se forma en masse, repoussa chaudement toutes les attaques de la cavalerie, et se retira en bon ordre sur les hauteurs, d'où elle continua son mouvement rétrograde sur Tilly. L'irruption subite de la cavalerie ennemie obligeant notre artillerie à se retirer précipitamment, plusieurs pièces prirent des directions qui les conduisirent à des défilés, où il y eut du désordre, et quinze tombèrent entre les mains de l'ennemi.

L'armée se reforma à la distance d'un quart de lieue du champ de bataille. L'ennemi ne se hasarda point à la poursuivre. Le village de Bry resta en notre pouvoir pendant toute la nuit, aussi bien que Sombref, où le général Thielmann avait combattu avec le troisième corps, et où il s'était retiré lentement à la chute du jour, par Temploux. Le quatrième corps, commandé par le général Bulow, y arriva enfin pendant la nuit. Le premier et le deuxième corps se mirent en marche le matin, derrière le défilé de Mont-Saint-Guibert. Notre perte en tués et blessés a été grande; mais l'ennemi ne nous fit point d'autres prisonniers que les blessés.

La bataille a été perdue, mais non notre honneur. Nos soldats ont combattu avec une bravoure qui a surpassé tout ce qu'on pouvait attendre. Leur courage demeura inébranlable, parce que chacun mit sa confiance dans sa propre force. Le feld-maréchal courut dans la journée de grands dangers. Une charge de cavalerie qu'il conduisait ne réussit point, et la cavalerie ennemie le poursuivait vigoureusement. Son cheval ayant été frappé d'un coup de mousquet, l'animal, au lieu de s'arrêter, irrité de sa blessure, se mit au galop, et courut en furieux jusqu'à ce qu'il tombât mort. Le feld-maréchal, étourdi de la chute, resta engagé sous le corps de son cheval. Les cuirassiers ennemis, poursuivant leur avantage, avançaient ; notre dernier cavalier avait déjà passé le feld-maréchal, et il ne restait avec lui qu'un adjudant qui venait de mettre pied à terre, résolu de partager son sort. Le danger était grand, mais la Providence veillait sur nous. L'ennemi, continuant sa charge, passa rapidement près du feld-maréchal sans le voir. Un moment après, une seconde charge de cavalerie repoussa l'ennemi, qui passa avec la même rapidité, sans remarquer davantage le feld-maréchal que la première fois. Mais ce ne fut pas sans difficulté qu'on le retira de dessous son cheval mort ; il s'éloigna sur le cheval d'un dragon.

Le 17, dans la soirée, l'armée prussienne se concentra dans les environs de Wavres. Napoléon se mit en mouvement contre Wellington, sur la grande route de Charleroi à Bruxelles. Une division anglaise soutint, le même jour, un combat très-vif près des Quatre-Bras. Lord Wellington prit position sur la route qui conduit à Bruxelles, ayant son aile droite dans la bruyère de la Leu, son centre près de Mont-Saint-Jean, et son aîle gauche appuyée à la Haie-Sainte. Lord Wellington écrivit au feld-maréchal qu'il était résolu d'accepter la bataille dans cette position, si le feld-maréchal pouvait l'appuyer avec deux corps d'armée. Celui-ci offrit de faire marcher toute son armée, et proposa même, dans le cas où Napoléon n'attaquerait pas, que les alliés allassent l'attaquer le lendemain avec toutes leurs forces.

Cela peut servir à prouver combien peu la bataille du 16 avait désorganisé l'armée prussienne ou abattu son moral.

Ainsi fut terminée la journée du 17.

Au point du jour, l'armée prussienne commença à se mettre en mouvement. Le quatrième et le deuxième corps marchèrent par Saint Lambert, où ils devaient prendre une position couverte par la forêt de Frischemont, afin de prendre l'ennemi sur les derrières, quand le moment paraîtrait favorable. Le premier corps devait agir par Ohain, sur le flanc droit de l'ennemi. Le troisième corps devait suivre lentement, pour porter des secours en cas de besoin. La bataille commença vers dix heures du matin. L'armée anglaise occupait les hauteurs de Mont-Saint-Jean; celle des Français était sur les hauteurs, devant Planchenoit: la première était de quatre-vingt mille hommes, l'ennemi en avait plus de cent trente mille. En peu de temps la bataille devint générale tout le long de la ligne. Il paraît que Napoléon avait le dessein de pousser l'aile gauche sur le centre, et par là d'effectuer la séparation de l'armée anglaise de celle de Prusse, qu'il croyoit devoir se retirer sur Maestricht. Dans ce dessein, il avait placé la plus grande partie de sa réserve dans le centre, contre son aile droite, et c'est sur ce point qu'il attaqua avec fureur. L'armée anglaise combattit avec un courage qu'il est impossible de surpasser. Les charges répétées de la vieille garde furent repoussées par l'intrépidité des régimens écossais; et, à chaque charge, la cavalerie française était renversée par la cavalerie anglaise; mais la supériorité en nombre de l'ennemi était trop grande. Napoléon ramenait continuellement des masses considérables; et, quelque fermeté que les troupes anglaises missent pour se maintenir dans leurs positions, il n'était pas possible que tant d'efforts héroïques n'eussent un terme.

Il étoit quatre heures et demie. La difficulté extrême du passage par le défilé de Saint-Lambert avait considérablement retardé la marche des troupes prussiennes; de sorte qu'il n'y avait que deux brigades du quatrième corps qui fussent arrivées à la position couverte qui leur avoit été assignée. Le moment décisif était arrivé; il n'y avait pas un instant à perdre, les généraux ne le laissèrent pas échapper. Ils résolurent de commencer l'attaque sur-le-champ avec les troupes qu'ils avaient sous la main. En conséquence, le général Bulow, avec deux brigades et un corps de cavalerie, s'avança rapidement sur le derrière de l'aile droite de l'ennemi. L'ennemi ne perdit pas sa présence d'esprit; il tourna dans l'instant sa réserve contre nous, et de ce côté commença un combat meurtrier. Le succès de ce combat demeura longtemps douteux, pendant que la bataille avec l'armée anglaise continuait avec la même violence.

Vers les six heures du soir nous reçûmes la nouvelle que le général Thielmann, avec le troisième corps, était attaqué près de Wavres, par un corps très-considérable de l'ennemi, et que déjà l'on se disputait la possession de la ville. Le feld-maréchal, cependant, ne fut pas beaucoup inquiet de cette nouvelle. C'était sur le lieu où il était, et non pas ailleurs, que l'affaire devait se décider. On ne pouvait obtenir la victoire que par un combat soutenu continuellement avec la même opiniâtreté et par de nouvelles troupes; et si on pouvait l'emporter sur le lieu où l'on était, tout revers du côté de Wavres était de peu de conséquence. C'est pourquoi les colonnes continuèrent leur mouvement. Il était sept heures et demie, et l'issue de la bataille était encore incertaine. Tout le quatrième corps, et une partie du second, sous le général Pwich, avaient été successivement engagés. Les troupes françaises combattaient avec toute la fureur du désespoir; cependant on pouvait apercevoir quelque incertitude dans leurs mouvemens, et on observa que quelques pièces de canon se retiraient. Dans ce moment les premières colonnes du corps du général Ziéthen arrivèrent sur les points d'attaque, près du village de Smouhen, sur le flanc gauche de l'ennemi; elles chargèrent sur-le-champ. Ce moment décida la défaite de l'ennemi. Son aile droite fut rompue en trois endroits, et il abandonna ses positions. Nos troupes se précipitèrent alors au pas de charge, et attaquèrent l'ennemi de tous les côtés, pendant que toute la ligne anglaise s'avançait.

Les circonstances étaient extrêmement favorables à l'attaque par l'armée prussienne: le terrein s'élevoit en amphithéâtre, de manière que notre artillerie pouvoit ouvrir librement son feu du sommet de plusieurs hauteurs qui s'élevaient graduellement l'une au-dessus de l'autre, et entre lesquelles les troupes descendues dans les plaines se formaient en brigades, et dans le plus grand ordre, tandis que de nouvelles troupes se développaient continuellement au sortir de la forêt, sur les hauteurs de derrière. L'ennemi, cependant, conservait encore des moyens de retraite jusqu'à ce qu'on eût emporté après plusieurs attaques sanglantes, le village de Planchenoit, qui était sur ses derrières défendu par la garde. Dès ce moment-là, la retraite devint une déroute qui s'étendit bientôt à toute l'armée française.

Il était neuf heures et demie. Le feld-maréchal assembla tous les officiers supérieurs, et donna ordre d'envoyer à la poursuite de l'ennemi jusqu'au dernier cavalier. L'avant-garde de l'armée accéléra sa marche. L'armée française, poursuivie sans relâche, était entièrement désorganisée. La chaussée présentoit l'image d'une immense quantité de canons, de caissons, de chariots, de bagages, d'armes et de débris de toute espèce. Ceux de l'ennemi qui vouloient se reposer, ne s'attendant pas à être poursuivis si vivement, furent poussés successivement de plus de neuf bivouacs: dans quelques villages ils cherchèrent à tenir; mais aussitôt qu'ils entendoient le son du tambour ou des trompettes, ils lâchaient pied, ou se jetaient dans les maisons, et là ils étaient taillés en pièces ou faits prisonniers. Le clair de lune favorisait beaucoup la poursuite de l'ennemi, qui n'était qu'une chasse continuelle, soit dans les champs, soit dans les maisons.

L'ennemi s'était retranché à Gennape, avec du canon et des chariots renversés. Nous fûmes exposés en y entrant à un feu très-vif de mousqueterie, auquel nous répondîmes par quelques coups de canon suivis d'un *houra*, et bientôt après la ville fut à nous. Ce fut là qu'entre autres équipages, on prit la voiture de Napoléon ; il venoit de la quitter pour monter à cheval, et avec tant de précipitation, qu'il y avoit oublié son épée et son chapeau. Les affaires continuèrent ainsi jusqu'à la pointe du jour. Environ quarante mille hommes dans le plus grand désordre furent tout ce que l'ennemi put sauver dans sa retraite de Charleroi. Vingt-sept pièces de canon furent tout ce qu'il emmena de sa nombreuse artillerie.

L'ennemi a dépassé dans sa fuite ses places fortes, seule défense de ses frontières, qui maintenant sont franchies par nos armées.

A trois heures, Napoléon avait expédié du champ de bataille un courrier pour Paris, portant la nouvelle que la victoire n'était plus douteuse : quelques heures après il n'avait plus d'armée. On n'a pas encore une exacte connaissance de la perte de l'ennemi : il suffit de savoir que les deux tiers de cette armée sont tués, blessés ou prisonniers ; au nombre de ces derniers sont les généraux Mouton, Duhesme, Cambrone. Jusqu'à ce moment, environ trois cents canons, et au-delà de cinq cents caissons, sont en notre pouvoir.

Peu de victoires ont été aussi complètes ; et certainement il n'y a point d'exemple qu'une armée, deux jours après une bataille perdue, ait engagé un tel combat, et l'ait si glorieusement soutenu. Honneur aux troupes capables de tant de constance et de valeur ! Au milieu de la position occupée par l'armée française, et absolument sur la hauteur, est située une ferme nommée la Belle-Alliance. La marche de toutes les colonnes prussiennes était dirigée sur cette ferme, qu'on pouvait appercevoir de tous côtés. C'est là que Napoleon se trouvait pendant la bataille; c'est là qu'il donnait ses ordres, qu'il se flattait de la victoire, et c'est là que sa perte fut décidée. C'est là aussi que se rencontrèrent dans l'obscurité, et par un heureux hasard, le feld-maréchal Blucher et lord Wellington, et qu'ils se saluèrent mutuellement comme vainqueurs.

En commémoration de l'alliance qui existe aujourd'hui entre les nations anglaise et prussienne, et de la réunion des deux armées et de leur confiance réciproque, le feld-maréchal a demandé que cette bataille portât le nom de la *Belle-Alliance*.

Par ordre du feld-maréchal Blucher,

Le général GNEISENAU.

N°. X.

Rapports de S. A. R. le prince d'Orange à S. M. le Roi des Pays-Bas.

Quartier-général de Nivelles, 17 juin 1815, à deux heures du matin.

Le 15, de grand matin, l'armée prussienne a été attaquée dans sa position : par suite de cette attaque elle s'est retirée par Charleroi et Gosselies jusques dans les environs de Fleurus. Aussitôt que je fus instruit de la marche de l'ennemi, j'ordonnai les dispositions nécessaires au corps d'armée sous mes ordres. Ce qui s'était passé à l'armée prussienne fut cause que le 15, à cinq heures du soir, le bataillon d'Orange-Nassau, qui occupait le village de Frasnes avec une batterie d'artillerie volante, y fut attaqué. Ces troupes restèrent dans leur position sur les hauteurs de ce village, non loin du chemin croisé des Quatre-Bras. A huit heures l'escarmouche cessa sur ce point.

Aussitôt que je reçus le rapport de cette action, je donnai ordre à la troisième division, ainsi qu'à la cavalerie, et à deux divisions anglaises, de marcher sur Nivelles ; je chargeai la deuxième division de conserver la position des Quatre-Bras. Il n'y eut qu'une partie de la deuxième division qui put s'y rendre sur-le-champ, la brigade commandée par le général major Van Biland ne pouvant s'éloigner de Nivelles que lorsqu'on se fut assuré de l'arrivée des autres divisions dans cette ville.

Le feu des tirailleurs commença sur ce point, hier à cinq heures du matin, et la fusillade continua des deux côtés, jusqu'à midi, sans aucun résultat. Environ sur les deux heures, l'attaque devint plus sérieuse, principalement de la part de la cavalerie et de l'artillerie. La brigade de cavalerie légère sous les ordres du général major Van Merle, ne pouvant arriver que vers quatre heures, je n'eus jusqu'à ce moment aucune cavalerie à opposer à l'ennemi. Convaincu de la haute importance dont était la conservation de la position sur les hauteurs devant le carrefour de la chaussée dite les Quatre-Bras, j'eus le bonheur de m'y maintenir contre un ennemi qui était, sous tous les rapports, et sans aucune comparaison, très-supérieur en nombre.

Ayant été attaqué par les deux corps d'armée du général d'Erlon et Reille, et ayant réussi à les tenir en échec, le duc de Wellington eut assez de temps pour réunir une force suffisante pour déjouer les projets de l'ennemi. Cette attaque a eu pour résultat, après un combat vigoureux, qui dura jusqu'à neuf heures du soir, non-seulement l'avantage d'arrêter l'ennemi, mais encore celui de le repousser jusqu'à une certaine distance.

L'armée prussienne, qui fut également attaquée hier, a conservé sa principale position, et il est hors de doute que Napoléon, avec des forces considérables, n'ait dirigé l'attaque sur toute sa ligne. Nos troupes ont bivaqué sur le champ de bataille, où je vais me rendre de suite ; car il est très-apparent que Napoléon cherchera de nouveau à exécuter les desseins qu'il avoit formés hier. Le duc de Wellington a fait rassembler sur ce point toutes les troupes disponibles. C'est avec la plus grande satisfaction que je puis assurer votre majesté que ses troupes ont combattu avec beaucoup de bravoure, particulièrement l'infanterie et l'artillerie.

Les circonstances n'ont point encore permis que l'état des différens corps qui constate les pertes que nous avons éprouvées me soit parvenu : j'aurai l'honneur de le mettre sous les yeux de votre majesté aussitôt qu'il sera possible.

Était signé,

GUILLAUME, *prince d'Orange.*

Bruxelles, le 22 juin 1815.

Après la bataille du 16, dont j'ai eu l'honneur de faire mon rapport le 15, à deux heures du matin, de mon quartier-général à Nivelles, le duc de Wellington, pour rester en ligne avec l'armée prussienne, fit, le matin du même jour, un mouvement par suite duquel l'armée se trouva en position à six heures du soir, sur les hauteurs en avant de Waterloo, et y bivaqua : la cavalerie ennemie, suivant les mouvemens de l'armée, fut repoussée plusieurs fois avec grande perte par celle des Anglais. Le 18, au point du jour, nous découvrîmes l'ennemi en face de nous, et à six heures ses dispositions pour l'attaque commencèrent.

L'armée de Bonaparte était composée des premier, deuxième, troisième, quatrième, et sixième corps de la garde impériale, et de presque toute la cavalerie, et d'une artillerie composée de plusieurs centaines de pièces de canon.

Vers les onze heures, l'ennemi démasqua une batterie de quelques canons, sous le feu de laquelle ses tirailleurs s'avancèrent contre notre aile droite, et, immédiatement après, son attaque fut dirigée contre une ferme entourée de bois, qui était située à peu de distance en avant de cette aile, et à gauche de la route de Nivelles. L'ennemi fit les plus vives attaques pour se rendre maître de cette ferme; mais toutes ses tentatives furent vaines. A midi, la canonnade devint forte, et avant midi et demi le combat fut général sur toute la ligne. L'ennemi attaqua plusieurs fois les deux ailes; mais, comme son but principal était de faire une trouée sur la droite de notre centre, il tenta tout pour y réussir. Les colonnes de cavalerie ennemie furent conduites avec beaucoup de résolution; mais, nonobstant qu'elles réitérassent avec la plus grande opiniâtreté leurs attaques depuis trois heures et demie jusqu'à la fin de la bataille, rien ne put cependant forcer notre ligne à la retraite. L'ennemi fut toujours repoussé, tant par le feu des carrés, que par les charges de cavalerie. Il est impossible de décrire à votre majesté l'acharnement avec lequel on combattit, sur-tout pendant les six dernières heures.

Je n'ai pu jouir du bonheur de voir la fin de cette bataille, aussi glorieuse qu'importante, ayant reçu, une demi-heure avant la déroute de l'ennemi, un coup de feu à l'épaule gauche, qui me força de quitter le champ de bataille.

Je m'estime on ne peut plus heureux de pouvoir annoncer à votre majesté que ses troupes de toutes armes ont combattu avec beaucoup de bravoure. Dans les chargesde la cavalerie, la brigade des carabiniers s'est particulièrement distinguée.

La division du lieutenant-général Chassé est arrivée tard au feu; et, comme je ne pouvois m'éloigner de ma personne du centre, je l'avais mise, pour ce jour-là, sous les ordres de lord Hill, commandant le deuxième corps d'armée; et j'ai reçu avis que cette division a combattu vaillamment, et que le lieutenant-général Chassé, ainsi que les deux commandans des brigades, se sont très-bien acquittés de leur devoir.

Il ne m'est pas encore possible de faire connaître à votre majesté la perte que nous avons essuyée, n'ayant pas encore reçu les rapports : en attendant, je suis obligé, néanmoins, avec le plus profond chagrin, de dire qu'elle est très-grande. Les généraux de division sont chargés de me faire connaître ceux qui se sont particulièrement distingués, et je dois me borner à nommer à votre majesté ceux qui se sont distingués sous mes yeux; savoir :

Les lieutenans-généraux Collaert, et de Perponcher : le premier est blesssé.

Le général Van Merle, habile et brave officier, est mort de ses blessures sur le champ de bataille. Je saisis cette occasion pour recommander sa veuve et ses enfans à la tendre considération de votre majesté.

Le général Trip s'est particulièrement distingué, tant par ses talens que par son courage.

Le général-major Grigny, et les commandans des trois régimens de carabiniers, savoir, le lieutenant-colonel Conegrave, mort de ses blessures; le colonel de Bruine, et le lieutenant-colonel Lechleitner, blessés. Le lieutenant-colonel Westenberg, du cinquième bataillon de la milice nationale, est un très-bon officier, et a conduit avec beaucoup de discernement son bataillon, qui a montré beaucoup de bravoure dans la bataille du 16.

Le major Eyman, du troisième bataillon, blessé.

Les majors Meriex et Bryas, du deuxième régiment de carabiniers : le dernier blessé.

Le major de l'artillerie de Lassaraz.

Le quartier-maître général, le général major de Constant Rebecque, s'est très-bien conduit, et m'a été d'un grand service.

Enfin, je me crois encore obligé de témoigner à votre majesté mon contentement à l'égard de la conduite de mes adjudans. Le major de Limbourg Stirme a déjà été blessé dans la bataille du 16; et dans celle du 18, le colonel du Caylar et le major Ampt ont eu chacun un cheval tué sous eux; et le lieutenant-colonel de Krokenburgh en a eu deux.

J'ai chargé le major Van Hooff, mon adjudant, de remettre ce rapport à votre majesté. Je prends la liberté de recommander cet officier à votre favorable considération.

Signé GUILLAUME, *prince d'Orange.*

Perte des Hollandais.

Officiers tués ou manquans.	27
Blessés.	115
Sous-officiers et soldats tués ou manquans. . . .	2,058
Blessés.	1,936
Total.	4,136
Chevaux tués.	1,630

N°. XI.

Rapport du Général Grouchy à l'empereur.

Dinant, le 20 juin 1815.

SIRE,

Ce n'est qu'à près de sept heures du soir, le 18 juin, que j'ai reçu la lettre du duc de Dalmatie, qui me prescrivait de marcher sur Saint-Lambert et d'attaquer le général Bulow. J'avais rencontré l'ennemi en me portant sur Wavres, à hauteur de la baraque. Sur le-champ il avoit été abordé, poussé jusque dans Wavres, et le corps Vandamme attaquait cette ville, et était fortement engagé. La portion de Wavres sur la droite de la Dyle était emportée, mais on éprouvait de grandes difficultés à déboucher de l'autre côté. Le général Gérard essayoit d'enlever le moulin de Bielge et d'y passer la rivière; il ne pouvait y réussir: il y avait été blessé d'une balle dans la poitrine, blessure qui heureusement n'est pas mortelle. Le lieutenant général Alix avait été tué à l'attaque de Wavres. Dans cet état de choses, impatient de pouvoir déboucher sur le mont Saint-Lambert, et coopérer aux succès des armes de votre majesté dans cette journée si importante, je dirigeai sur Limale la cavalerie de Pajol, la division Teste, et deux divisions du général Gérard, afin de forcer le passage de la Dyle, et de marcher contre le général Bulow. Le corps du général Vandamme entretint l'attaque de Wavres et du moulin de Bielge, d'où l'ennemi faisoit mine de vouloir déboucher; ce que je jugeai qu'il ne pourroit effectuer, la position et le courage de nos troupes répondant qu'il n'y parviendrait pas. Mon mouvement sur Limale prit du temps, à raison de la distance; cependant j'arrivai, j'effectuai le passage, et les hauteurs furent enlevées par la division Vichery et la cavalerie. La nuit ne permit pas d'aller plus loin, et je n'entendais plus le canon du côté où votre Majesté se battait.

Dans cette position, j'attendis le jour: Wavres et Bielge étaient occupés par les Prussiens. Le 19, à trois heures du matin, ils attaquèrent à leur tour, voulant profiter de la mauvaise position où j'étois, et prétendant me jeter dans le défilé, enlever l'artillerie qui avoit débouché, et me faire repasser la Dyle. Leurs efforts furent inutiles; l'intrépidité des troupes me mit à même de repousser toutes les attaques, de culbuter les Prussiens, et de faire enlever par la division Teste le village de Bielge: le brave général Penne y fut tué.

Le général Vandamme faisant alors passer par Bielge une de ses divisions, enleva sans peine les hauteurs de Wavres, et sur toute ma ligne le succès fut complet. J'étais en avant de Rozierne, me disposant à marcher sur Bruxelles, lorsque j'ai reçu la douloureuse nouvelle de la perte de la bataille de Waterloo. L'officier qui me l'apporta me dit que V. M. se retirait sur la Sambre, sans pouvoir préciser sur quel point il entrait dans ses vues que je me dirigeasse. Engagé sur toute ma ligne, je cessai de poursuivre, et préparai mon mouvement rétrograde. L'ennemi en retraite ne songea pas à me suivre. Je marchai jusqu'à Temploux et Gembloux, ayant ma cavalerie légère à Mari-de-Saint-Denis, et mes dragons sur Namur. Apprenant que l'ennemi avait déjà passé la Sambre, et se trouvait sur mon flanc; n'étant pas assez fort pour opérer une diversion utile pour l'armée de votre majesté, sans compromettre celle que je commandais, je marchai sur Namur, le quatrième corps par la route de Namur à Charleroi, et le troisième par celle directe qui y conduit de Temploux. Dans ce moment les queues des deux colonnes furent attaquées; celle de droite ayant fait son mouvement rétrograde plutôt qu'on ne s'y attendoit, compromit un instant la retraite de celle de gauche. De bonnes dispositions réparèrent tout; deux pièces qui avoient été prises furent reprises par le brave vingtième de dragons, sous les ordres du colonel Briqueville, qui enleva en outre un obusier à l'ennemi. Les faibles carrés du..... régiment, chargés par une cavalerie nombreuse, l'attendirent à bout portant, lui firent essuyer une perte énorme, et prouvèrent ce que peuvent de bonnes dispositions, jointes à une attitude calme et un feu bien dirigé. La cavalerie ennemie, chargée à son tour par le premier de hussards aux ordres du maréchal de camp Clari, laissa en nos mains nombre de prisonniers. Tout rentra donc sans perte dans Namur. Le long défilé qui règne depuis cette place jusqu'à Dinant, défilé où l'on ne peut marcher que sur une seule colonne, et les embarras résultant des nombreux transports de blessés que je conduisais avec moi, rendaient nécessaire de tenir long-temps la ville où je ne trouvai pas les moyens de faire sauter le pont. Je chargeai de la défense de Namur le général Vandamme, qui, avec son intrépidité ordinaire, s'y maintint jusqu'à huit heures du soir; de sorte que rien ne resta en arrière, et que j'occupai Dinant.

L'ennemi a perdu des milliers d'hommes à l'attaque de Namur; on s'est battu avec un acharnement rare, et les troupes ont fait leur devoir d'une manière bien digne d'éloge.

Je suis avec respect,

Sire,

De votre majesté,

Le très-fidèle sujet,

Le maréchal comte DE GROUCHY.

N°. XII.

Lettre du prince Bernard de Saxe Weimar, à son père.

Au bivouac, près Waterloo, 19 juin 1815.

CHER PÈRE,

Remerciez Dieu; je suis encore vivant, et je suis sortis sain et sauf de deux sanglantes batailles. La première eut lieu le 16, et la seconde hier. Je vous prie, quand vous lirez la présente, de prendre la carte de Ferrary. Depuis quatre semaines j'étais en cantonnement à Gennapes, avec le régiment d'Orange-Nassau, dont je suis colonel. Le 15, je fus nommé brigadier de la deuxième brigade de la division Perponcher : mon prédécesseur avait eu le malheur de se casser la jambe. En outre de mes deux bataillons d'Orange-Nassau, je me trouvai par là avoir sous mon commandement trois bataillons du duché de Nassau : alors ma brigade était de *quatre mille hommes* ; aujourd'hui il ne m'en reste pas *douze cents !*

Le 15, les Français tombèrent sur l'armée prussienne, et la pressèrent bien vivement. Ma brigade prolongeait l'aile gauche de l'armée hollandaise, dont le quartier général était à Braine-le-Comte; celui de ma division était à Nivelles. Un bataillon de Nassau, avec une batterie d'artillerie à cheval hollandaise, étaient à Frasnes. Lorsque les Prussiens se retirèrent sur Fleurus, le poste de Frasnes fut attaqué et enlevé. L'infanterie se jeta dans un bois sur la droite, et l'artillerie se retira, en combattant, aux Quatre-Bras. Je réunis ma brigade à cette importante position, et canonnai l'ennemi, que je parvins à empêcher d'avancer. J'ai conservé cette position pendant toute la nuit. Vers le matin du 16, je fus renforcé par un bataillon de chasseurs hollandais et un bataillon de milice. Bientôt après, mon général de division et le prince d'Orange arrivèrent. J'allai aux avant-postes avec le dernier, et j'entrepris, par son ordre, une reconnaissance avec un bataillon et deux canons. Vers midi, l'ennemi fit voir de fortes colonnes, et commença à nous canonner. On dit que dans ce jour il a engagé trois corps de son armée contre nous. Nous avions seulement cinq bataillons à lui opposer, et les débouchés d'un bois à défendre jusqu'à la dernière extrémité.

Le duc de Wellington était présent au commencement de l'action; quoique je n'eusse que deux canons pour me protéger, je conservai long-temps mon terrain contre un ennemi trois fois supérieur en nombre. Il parvint à s'emparer d'un bois vis-à-vis de moi, et incommodait mon flanc gauche. Sans perdre de temps, je pris avec moi quelques volontaires et un bataillon de milice, et repris mon bois à la pointe de la baïonnette. J'étais à la tête des assaillans, et j'eus l'honneur d'être un des premiers dans le bois. En coupant quelques branches, je me suis blessé légèrement avec mon sabre, mais je ne quittai pas un moment le combat. Cette blessure ne mérite pas d'être mentionnée : je vous l'écris seulement, afin que vous, ainsi que ma bonne mère, ne puissiez pas être alarmés par des rapports exagérés. Tandis que je défendais mon bois, l'ennemi chassa notre aile gauche jusqu'aux Quatre-Bras. Ce fut dans ce moment que le brave duc de Brunswick fut tué par une balle qui lui perça la poitrine. De fortes colonnes tournaient mon flanc droit; je demandai des ordres pour savoir comment je devais agir; mais je n'en reçus aucun. Quand je me vis entouré de tous côtés, et que mes gens eurent épuisé toutes leurs munitions, je me retirai en bon ordre à travers le bois, dans le voisinage de Hautaine-le-Val. La division hanovrienne du général d'Alten me soutint, et reprit le bois, mais le perdit de nouveau. A la fin, les Anglais le forcèrent après avoir perdu beaucoup de monde, et s'y maintinrent toute la nuit. J'y bivaquai. Les Prussiens se retirèrent ce jour-là à Wavres, et, sur la nouvelle de cette retraite, nous fûmes obligés de nous retirer à la position près de Mont-Saint-Jean, entre Gennapes et Bruxelles : cela eut lieu le 17. Nous fûmes obligés de bivaquer la nuit sur un terrain bien bourbeux, et avec une horrible pluie.

Hier, sur les dix heures, commença la bataille décisive, qui fut complétement gagnée, vers le soir, par Wellington, sur Napoléon en personne. (Cent soixante canons sont le fruit de cette sanglante victoire.) Je commandais l'aile gauche, et j'étais chargé de conserver un village et une position : j'y réussis, mais avec une grande perte d'hommes. La victoire était encore douteuse, quand, sur les quatre heures, les Prussiens, sous les généraux Bulow et Ziéthen, arrivèrent sur notre flanc gauche, et décidèrent la bataille. Malheureusement les Prussiens, qui devaient me soutenir dans mon village, prirent pour des Français mes Nassaus, qui ont encore l'uniforme français, quoique leurs cœurs soient bien allemands, et firent un terrible feu contre eux. Ils furent chassés de leur position, et je les ralliai à un quart de lieue du champ de bataille. Mon général de division, dont *la première brigade a été totalement détruite*, est à présent avec moi.

Il me faut finir, parce que je viens de recevoir des ordres de marcher à Nivelles, à la poursuite de l'ennemi. Adieu, cher père : saluez ma mère, ma belle-sœur, mon frère, et tous mes amis, et soyez assurés que je ferai tout pour être digne de vous.

Le colonel et brigadier,

BERNARD DE SAXE WEIMAR.

N°. XIII.

Déclaration au peuple français.

(Publiée le 22 juin 1815.)

Français,

En commençant la guerre pour soutenir l'indépendance nationale, je comptais sur la réunion de tous les efforts, de toutes les volontés, et le concours de toutes les autorités nationales : j'étois fondé à en espérer le succès, et j'avais bravé toutes les déclarations des puissances contre moi.

Les circonstances me paraissent changées. Je m'offre en sacrifice à la haine des ennemis de la France. Puissent-ils être sincères dans leurs déclarations, et n'en avoir réellement voulu qu'à ma personne ! Ma vie politique est terminée, et je proclame mon fils sous le titre de Napoléon II, empereur des Français.

Les ministres actuels formeront provisoirement le conseil du gouvernement. L'intérêt que je porte à mon fils m'engage à inviter les chambres à organiser sans délai la régence par une loi.

Unissez-vous tous pour le salut public, et pour rester une nation indépendante.

Signé Napoléon.

N°. XIV.

Napoléon aux braves soldats de l'armée devant Paris.

Malmaison, 25 juin 1815.

SOLDATS,

Quand je cède à la nécessité qui me force de m'éloigner de la brave armée française, j'emporte avec moi l'heureuse certitude qu'elle justifiera par les services éminens que la patrie attend d'elle, les éloges que nos ennemis eux-mêmes ne peuvent pas lui refuser.

Soldats, je suivrai tous vos pas quoique absent. Je connais tous les corps, et aucun d'eux ne remportera un avantage signalé sur l'ennemi, que je ne rende justice au courage qu'il aura déployé. Vous et moi nous avons été calomniés. Des hommes, absolument indignes d'apprécier vos travaux, ont vu dans les marques d'attachement que vous m'avez données, un zèle dont j'étais le seul objet. Que vos succès futurs leur apprennent que c'était la patrie par-dessus tout que vous serviez en m'obéissant, et que si j'ai quelque part à votre affection, je le dois à mon ardent amour pour la France, notre mère commune.

Soldats, encore quelques efforts, et la coalisation est dissoute. Napoléon vous reconnaîtra aux coups que vous allez porter.

Sauvez l'honneur, l'indépendance des Français. Soyez jusqu'à la fin tels que je vous ai connus depuis vingt ans, et vous serez invincibles.

NAPOLÉON.

N°. XV.

Convention militaire.

Aujourd'hui, 3 juillet, les commissaires nommés par les commandans en chef des armées respectives, savoir, le baron Bignon, ayant le portefeuille des affaires étrangères; le comte Guilleminot, chef de l'état-major général de l'armée française; le comte Bondy, préfet du département de la Seine, munis des pleins-pouvoirs du maréchal prince d'Ekmulh, commandant en chef de l'armée française, d'une part; et le major général baron Muffling, muni des pleins-pouvoirs de S. A. le feld-maréchal prince de Blucher, commandant en chef de l'armée prussienne; le colonel Harvey, muni des pleins-pouvoirs de S. Exc. le duc de Wellington, commandant en chef de l'armée anglaise, d'autre part, sont convenus des articles suivans :

Art. 1. Il y aura une suspension d'armes entre les armées alliées commandées par S. A. le prince Blucher, et S. G. le duc de Wellington, et l'armée française sous les murs de Paris.

Art. 2. L'armée française se mettra en marche demain, pour prendre sa position derrière la Loire. Paris sera entièrement évacué en trois jours, et le mouvement derrière la Loire sera effectué sous huit jours.

Art 3. L'armée française emportera avec elle tout son matériel, son artillerie de campagne, ses caisses militaires, chevaux et effets de régimens, sans exception. Toutes les personnes attachées aux dépôts seront aussi emmenées, ainsi que celles qui appartiennent aux différentes branches de l'administration de l'armée.

Art. 4. Les malades et les blessés, et les officiers de santé qu'il sera nécessaire de laisser avec eux, seront sous la protection spéciale des commandans en chef des armées anglaise et prussienne.

Art. 5. Les militaires et employés que l'article précédent concerne, auront la liberté, immédiatement après leur guérison, de rejoindre les corps auxquels ils appartiennent.

Art. 6. Les femmes et les enfans de tous les individus appartenans à l'armée française, auront la liberté de rester à Paris. Les femmes mariées pourront quitter Paris pour rejoindre l'armée, et emporter avec elles leurs propriétés et celles de leurs maris.

Art. 7. Les officiers de la ligne employés avec les fédérés ou avec les tirailleurs de la garde nationale pourront, ou rejoindre l'armée, ou retourner chez eux ou dans leur pays natal.

Art. 8. Demain, 4 juillet, à midi, Saint-Denis, Saint-Ouen, Clichy et Neuilly, seront rendus. Après-demain, 5, à la même heure, Montmartre sera rendu. Le troisième jour, 6, toutes les barrières seront rendues.

Art. 9. Le service de la ville de Paris continuera d'être fait par la garde nationale, et par le corps de la gendarmerie municipale.

Art. 10. Les commandans en chef des armées anglaise et prussienne s'engagent à respecter et à faire respecter, par leurs subordonnés, les autorités actuelles, aussi long-temps qu'elles existeront.

Art. 11. Les propriétés publiques, à

l'exception de celles qui ont rapport à la guerre, soit qu'elles appartiennent au gouvernement, ou qu'elles dépendent des autorités municipales, seront respectées, et les puissances alliées n'interviendront en aucune manière dans leur administration et direction.

Art. 12. Les personnes et propriétés individuelles seront également respectées. Les habitans, et en général tous les individus qui seront dans la capitale, continueront de jouir de leurs droits et libertés, sans être recherchés, soit en raison des emplois qu'ils occupent ou ont occupés ou de leur conduite ou opinions politiques.

Art. 13. Les troupes étrangères ne mettront aucun obstacle à l'approvisionnement de la capitale, et elles protégeront, au contraire, l'arrivée et libre circulation des articles qui seront destinés pour elle.

Art. 14. La présente convention sera observée, et sera prise pour règle des relations mutuelles, jusqu'à la conclusion de la paix. En cas de rupture, elle devra être dénoncée dans les formes usitées, au moins dix jours d'avance.

Art. 15. S'il survient des difficultés dans l'exécution d'aucun des articles de la présente convention, l'interprétation en sera faite en faveur de l'armée française et de la ville de Paris.

Art. 16. La présente convention est déclarée commune à toutes les armées alliées, pourvu qu'elle soit ratifiée par les puissances dont ces armées dépendent.

Art. 17. Les ratifications seront échangées demain, 4 juillet, à 6 heures du matin, au pont de Neuilly.

Art. 18. Il sera nommé de part et d'autre des commissaires pour surveiller l'exécution de la présente convention.

Fait et signé à Saint-Cloud, en triplicata par les commissaires nommés ci-dessus, les jour et an susdits :

Le baron Bignon, le comte Guilleminot, le comte de Bondy;

Le baron de Muffling; F. B. Harvey, colonel.

Approuvé et ratifié la présente suspension d'armes, à Paris, le 5 juillet 1815.

BLUCHER, WELLINGTON.

Approuvé. Le Mal. PRINCE D'EKMULH.

N°. XVI.

Attestation donnée au général Gourgaud par le capitaine du vaisseau le Bellérophon.

Je soussigné, capitaine de vaisseau au service de S. M. britannique, et commandant le vaisseau de S. M. le Bellérophon, déclare sur mon honneur, qu'étant le 14 juillet dernier en rade des Basques, M. le baron Gourgaud, maréchal-de-camp, aide-de-camp de Napoléon, s'est rendu volontairement à mon bord, avec M. le comte de Las-Cases; la chaloupe qui y a transporté lesdits messieurs ayant pavillon tricolore et pavillon parlementaire. M. le baron Gourgaud me remit une lettre du général comte Bertrand, qui m'informait que Napoléon envoyait ledit baron Gourgaud porter à S. A. R. le prince régent d'Angleterre une lettre dont il me donnait copie. J'ai, en conséquence, fait conduire à Portsmouth cet officier général, par la corvette de S. M. B., le Slaney, en en rendant compte à l'amirauté. Je déclare, en outre, qu'il avait été convenu que le général Gourgaud aurait toutes les facilités pour remplir sa mission, et remettre à S. A. R. le prince régent la lettre dont il était porteur.

Les vents ont obligé le Slaney d'entrer à Plymouth, où l'amiral Keith refusa de laisser débarquer le général Gourgaud, quoiqu'il fût toujours considéré à bord de cette corvette comme parlementaire. Le Slaney s'étant rendu à Torbay, j'ai repris à bord du vaisseau de S. M. B. le Bellérophon que je commande, M. le baron Gourgaud, qui, ainsi que je l'ai précédemment déclaré, était venu volontairement à mon bord et comme parlementaire. En foi de quoi j'ai signé la présente attestation, sur la réquisition du baron Gourgaud, auquel l'honneur ne me permettait pas de la refuser.

Signé Maitland.

Capitaine de vaisseau de S. M. le Bellérophon, en mer, le 4 août 1815.

N°. XVII.

Protestation de l'empereur Napoléon.

Je proteste solennellement ici, à la face du ciel et des hommes, contre la violation de mes droits les plus sacrés, en disposant par la force de ma personne et de ma liberté. Je suis venu librement à bord du Bellérophon; je ne suis pas prisonnier: je suis l'hôte de l'Angleterre.

Aussitôt assis à bord du Bellérophon, je fus sur le foyer du peuple britannique. Si le gouvernement, en donnant des ordres au capitaine du Bellérophon de me recevoir ainsi que ma suite, n'a voulu que tendre une embûche, il a forfait à l'honneur et flétri son pavillon.

Si cet acte se consommait, ce serait en vain que les Anglais voudraient parler à l'Europe de leur loyauté, de leurs lois, de leur liberté. La foi britannique se trouvera perdue dans l'hospitalité du Bellérophon.

J'en appelle à l'histoire; elle dira qu'un ennemi, qui fit vingt ans la guerre au peuple anglais, vint librement, dans son infortune, chercher un asile sous ses lois : quelle plus éclatante preuve pourrait-il donner de son estime et de sa confiance? Mais que répondit-on en Angleterre à tant de magnanimité? On feignit de tendre une main hospitalière à cet ennemi; et quand il se fut livré de bonne foi, on l'immola.

A bord du Bellérophon, à la mer, le 4 août 1815.

NAPOLÉON.

N°. XVIII.

Lettre du général Gourgaud, à l'impératrice Marie-Louise.

MADAME,

» Si vous daignez vous rappeler l'entretien que j'ai eu avec vous en 1814, à Grosbois, lorsque, vous voyant malheureusement pour la dernière fois, je vous fis le récit de tout ce qu'avait éprouvé l'empereur à Fontainebleau, j'ose espérer que vous me pardonnerez le triste devoir que je remplis en ce moment, en vous faisant connaître que l'empereur Napoléon se meurt dans les tourmens de la plus affreuse et de la plus longue agonie. Oui, madame, celui que les lois divines et humaines unissent à vous par les liens les plus sacrés, celui que vous avez vu recevoir les hommages de presque tous les souverains de l'Europe, celui sur le sort duquel je vous ai vue répandre tant de larmes lorsqu'il s'éloignait de vous, périt de la mort la plus cruelle, captif sur un rocher au milieu des mers, à 2000 lieues de ses plus chères affections, seul, sans amis, sans parens, sans nouvelles de sa femme, de son fils, sans aucune consolation.

» Depuis mon départ de ce roc fatal, j'espérais pouvoir aller vous faire le récit de ses souffrances, bien certain de tout ce que votre âme généreuse était capable d'entreprendre; mon espoir a été déçu : j'ai appris qu'aucun individu pouvant rappeler l'empereur, vous peindre sa situation, vous dire la vérité, ne pouvait vous approcher; en un mot, que vous étiez au milieu de votre cour comme au milieu d'une prison. L'empereur en avait jugé ainsi. Dans ses momens d'angoisses, lorsque, pour lui donner quelques consolations, nous lui parlions de vous, souvent il nous a répondu : *Soyez bien persuadés que si Marie-Louise ne fait aucun grand effort pour alléger mes maux, c'est qu'on la tient environnée d'espions qui l'empêchent de rien savoir de tout ce qu'on me fait souffrir, car Marie-Louise est la vertu même.*

» Privé donc du bonheur de me rendre près de vous, j'ai cherché, depuis mon arrivée ici, à vous faire parvenir ces nouvelles; ce n'est qu'à présent qu'une occasion sûre vient de m'être offerte, et je me hâte d'en profiter pour vous faire parvenir cette lettre, plein d'espoir et de confiance dans la générosité de votre caractère et la bonté de votre cœur.

» Le supplice de l'empereur peut durer encore long-temps. Il est temps de le sauver! Le moment présent semble bien favorable; les souverains vont se réunir au congrès d'Aix-la-Chapelle ; les passions paraissent calmées ; Napoléon est loin d'être à craindre ; il est si malheureux que les âmes nobles ne peuvent que s'intéresser à son sort. Dans de telles circonstances, que V. A. daigne réfléchir à l'effet que produirait une grande démarche de votre part ; celle, par exemple, d'aller au congrès, d'y solliciter la fin du supplice de l'empereur, de supplier votre auguste père de joindre ses efforts aux vôtres pour obtenir que Napoléon lui soit confié, si la politique ne permettait pas encore de lui rendre la liberté.

» Lors même qu'une telle démarche ne réussirait pas en entier, le sort de l'empereur en serait bien amélioré. Quelle consolation n'éprouverait-il pas, en vous voyant agir ainsi ? Et vous, madame, quel serait votre bonheur ! Combien d'éloges, de bénédictions vous attirerait une telle conduite, que vous prescrivent la religion, votre honneur, votre devoir ; conduite que vos plus grands ennemis peuvent seuls vous conseiller de ne pas suivre. On dirait : les souverains de l'Europe, après avoir vaincu Napoléon, l'ont abandonné à ses plus cruels ennemis ; ceux-ci le faisaient mourir du supplice le plus long et le plus barbare ; la durée de son agonie le réduisait à demander des bourreaux plus prompts. Il paraissait oublié et sans secours ; mais Marie-

Louise lui restait, et la vie lui a été rendue.

» Ah! madame! au nom de ce que vous avez de plus cher au monde, de votre réputation, de votre devoir, faites tout pour sauver la vie de l'empereur : l'ombre de Marie-Thérèse vous l'ordonne!

» Pardonnez-moi, madame, pardonnez-moi d'oser vous parler ainsi; je me laisse aller aux sentimens dont je suis pénétré pour vous; je voudrais vous voir la première de toutes les femmes.

» Que V. A. daigne se rappeler que, lors du voyage d'Amsterdam, où j'étais resté malade, j'allais périr faute de soins, lorsque V. A., en ayant été instruite, m'envoya son médecin avec ordre de me prodiguer toutes les ressources de son art; vous m'avez sauvé la vie. Madame, ce souvenir ne s'effacera jamais de mon cœur, et je crois ne pouvoir mieux vous témoigner ma reconnaissance qu'en ayant le courage de vous écrire cette lettre.

» Daignez me permettre, madame, de mettre aux pieds de V. A. les hommages du plus profond respect, etc.

Le général GOURGAUD.

» Londres, le 25 août 1818. »

FIN.

TABLE DES MATIÈRES.

APPENDIX.

FIN DE LA TABLE.

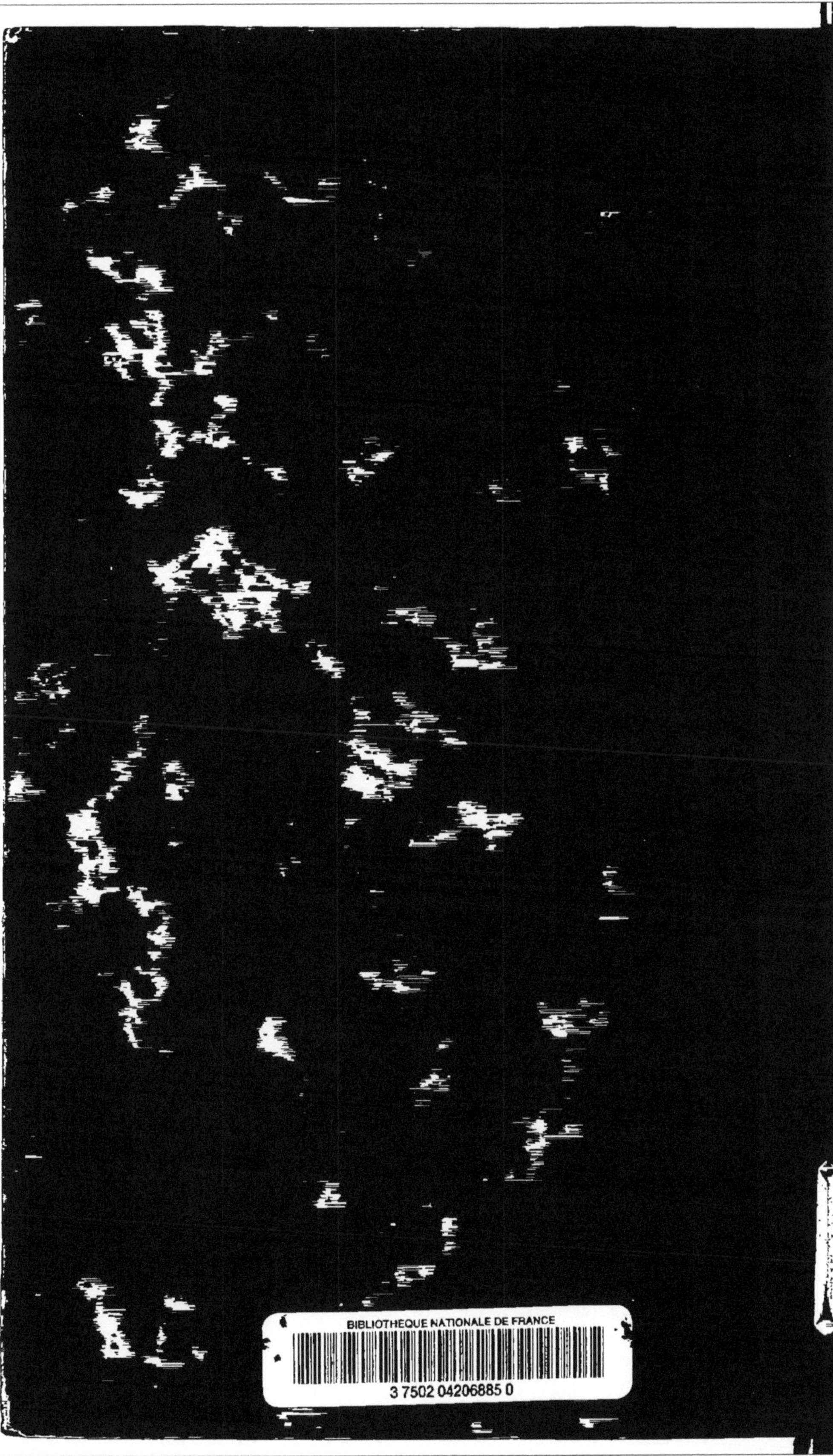
BIBLIOTHEQUE NATIONALE DE FRANCE
3 7502 04206885 0

www.ingramcontent.com/pod-product-compliance
Ingram Content Group UK Ltd.
Pitfield, Milton Keynes, MK11 3LW, UK
UKHW020317230726
13925UKWH00002B/466